Volume Four

MOSAIC SPELLING

Created by Elizabeth Little

Mosaic Spelling Volume Four by Elizabeth Little Published by Elizabeth Little Maryville, TN 37803

www.MosaicSpelling.com

© 2024 Elizabeth Little

Wordsearch puzzles created with 1-2-3 Wordsearch Maker™

All rights reserved. No portion of this book may be reproduced in any form without permission from the publisher, except as permitted by U.S. copyright law.

For permissions contact: mosaicspelling@gmail.com

Cover by Elizabeth Little.

Instructions for Mosaic Spelling

1. Monday - Google each of your spelling words, listen to the pronunciation and repeat them out loud. Then, write your spelling words 3 times.
2. Tuesday - Write the definition for each spelling word.
3. Wednesday - Write a sentence using each spelling word.
4. Thursday - Do the word search puzzle. Review.
5. Friday - Take the spelling test.

The words you get wrong on the spelling test need to be corrected on the test after it is graded.

Keep EVERYTHING in a notebook!

Word search answers can be found at the back of the book.

Write the spelling test grades on the test and on the grade sheet at the front of the notebook.

Add all your test scores together and divide by 36 to get your final grade.

Spelling Test Grades

Week Number	Spelling Test Grade (percent of 100)
1	
2	
3	
4	
5	
6	
7	
8	
9	
10	
11	
12	
13	
14	
15	
16	
17	
18	
19	
20	
21	
22	
23	
24	
25	
26	
27	
28	
29	
30	
31	
32	
33	
34	
35	
36	
Final Grade ->	

Spelling Lists to read out loud for the spelling tests.

WEEK 1

indulgence
remodel
torturous
anemia
norm
forfeit
regenerate
refringency
disarrange
fungible

WEEK 3

insurrection
hydrostatics
partition
euphonious
resuscitate
keepsake
similar
veneer
wretchedness
extremist

WEEK 5

telepathy
progeny
conscious
squatter
recreate
cardinal
opportune
forthright
upheave
recourse

WEEK 2

arrogate
inscribe
ambulance
wholly
usurious
momentum
felon
guinea
resplendent
mausoleum

WEEK 4

guileless
complicate
reliquary
sentience
admonish
abstain
botanical
absence
decipher
vocable

WEEK 6

peccable
extensive
landlord
contemplate
conceit
overweight
averse
refract
inexperience
cornice

Spelling Lists to read out loud for the spelling tests.

WEEK 7

idiosyncrasy
slothful
humanitarian
tarnish
anticlimax
pertinacious
naturally
fungous
precedence
perspicacious

WEEK 9

by-law
overpay
secretary
protector
remuneration
dragoon
rotary
inextensible
masquerade
bedeck

WEEK 11

resistless
domination
cosmos
success
visage
salvage
patrician
incendiary
conjoin
descry

WEEK 8

apotheosis
miscreant
depression
encyclical
adjutant
olfactory
epilogue
sapience
longevity
pestilent

WEEK 10

punitive
vigilance
outlaw
protuberant
aeronautics
locative
forth
monstrosity
convivial
evade

WEEK 12

virile
repute
sense
continuity
stimulate
fluctuate
penitence
preferential
decapitate
rescind

Spelling Lists to read out loud for the spelling tests.

WEEK 13

sapient
eliminate
quantity
arrant
ardent
avocation
incontrovertible
anxious
necrosis
sluggard

WEEK 15

brazier
obsequies
kingship
imperil
consign
versatile
cranium
kimono
prima
contravene

WEEK 17

genesis
prate
testament
rankle
deceitful
mutilate
allege
cameo
protective
impregnate

WEEK 14

biography
retrospect
stature
negligent
mockery
affront
intimacy
embezzle
wherever
technique

WEEK 16

baritone
calumny
azure
stultify
workmanlike
physiology
piece
pleasant
forepeak
cite

WEEK 18

unlawful
obsolescence
anagram
compulsory
ambiguous
tutorship
insipid
contagious
jocular
complication

Spelling Lists to read out loud for the spelling tests.

WEEK 19

vernacular
acquisition
inherent
emerge
arbiter
finesse
terminus
decasyllable
induct
clandestine

WEEK 21

nameless
recollect
decimate
bestrew
mutation
disciplinary
forfend
pontiff
germane
boisterous

WEEK 23

benefactor
vortex
preparation
somniferous
voluble
racy
fabulous
rampant
ordination
chronology

WEEK 20

whine
consonant
relish
gamut
antislavery
isle
consumption
deviate
Elizabethan
bric-a-brac

WEEK 22

austere
populace
assent
default
observant
ambulate
exhaustion
complacence
overpass
dissipate

WEEK 24

recessive
superlative
punctilious
sacrifice
augur
impeccable
waif
excretion
pharmacy
dastard

Spelling Lists to read out loud for the spelling tests.

WEEK 25

quandary
siren
readjust
abhorrent
hypotenuse
pomposity
invariable
jeopardize
infirmity
brittle

WEEK 26

disbeliever
ignoble
airy
insistent
elicit
emphasize
faulty
redundant
hard-hearted
sanguineous

WEEK 27

benefit
coquette
unnecessary
illogical
fernery
chastity
batter
lewd
hybrid
notorious

WEEK 28

momentary
personage
foursome
opinion
impiety
rationalism
seduce
zenith
Spartan
check

WEEK 29

tenor
clangor
osculate
demobilize
neopaganism
atrocity
rampart
determination
clarion
underlie

WEEK 30

spontaneous
dissension
foreign
superficial
metric
provocation
defray
exhilarate
regiment
rigmarole

Spelling Lists to read out loud for the spelling tests.

WEEK 31

reprisal
fanatic
surveyor
irreverent
narrow-minded
indomitable
perennial
beseech
detest
curable

WEEK 33

exert
hypercritical
afoot
trinity
unutterable
ministry
metronome
inadequate
gynecology
sentient

WEEK 35

sleight
exodus
redoubtable
recitation
tincture
brae
adulterant
machinery
vegetative
retrace

WEEK 32

morphology
despond
metempsychosis
course
presage
logic
disobedient
forefather
actuate
reclaim

WEEK 34

plenary
mismanage
proxy
mellifluous
generic
possible
nucleus
parallelism
implicit
census

WEEK 36

studious
collapsible
sparse
realism
epithet
frequency
moat
distrust
heartrending
herbarium

Monday   Week 1

Google the words, listen to the pronounciations and write the words 3 times.

indulgence			
remodel			
torturous			
anemia			
norm			
forfeit			
regenerate			
refringency			
disarrange			
fungible			

Tuesday Week 1

Using a dictionary or the internet, write the definition of each of your spelling words.

indulgence	
remodel	
torturous	
anemia	
norm	
forfeit	
regenerate	
refringency	
disarrange	
fungible	

Wednesday — Week 1

Write a sentence using each of the spelling words.

indulgence	
remodel	
torturous	
anemia	
norm	
forfeit	
regenerate	
refringency	
disarrange	
fungible	

Thursday

Find all the spelling words in this word search puzzle.

Grade 12 Week 1

```
C J E L K T N H P Y N X E W P Y V N M B
F R G A R G Z Q L B C H C Z M T P D M J
R M N P N Q F J V M E N N G R Q F R T W
N M A D M E N J X L N K E R K T Q W Z M
G B R L L C M C B B V D G G J J R J R P
K P R W L N H I L J T B L K N G R H P G
D P A W W K G E A N M W U F P I V N Y R
K X S F V N D N J N M K D Z R Y R K G N
C R I X U O Y N M G R M N L H B C F C T
T H D F M Y D R C X N F I R H H W L E Z
N L K E L R P C T X N L P L L H Y Z M R
V B R Q N N N Y F E T A R E N E G E R V
H N Q K V K O O J B H C B V D K T M K H
C M P T L Y R J N N N Y X Z F G R L R V
M M V T W F M B N P C B D C M D L R D G
F V P X E Q L N T V N N K T K M X V W J
Q Q V I N G P T W L K F K R D G T J Q Q
B D T H D X L L T K L D M R J V P R D D
H T R G K P C Z T M Y X Y K N J M C M M
M N M R P N L Q R T O R T U R O U S Q M
```

anemia

disarrange

forfeit

fungible

indulgence

norm

refringency

regenerate

remodel

torturous

Friday   Week 1

Have someone read the spelling words for the spelling test.
Write your grade here and on the grade sheet at the front of the book.

1.	
2.	
3.	
4.	
5.	
6.	
7.	
8.	
9.	
10.	

Grade:	

Monday   Week 2

Google the words, listen to the pronounciations and write the words 3 times.

arrogate			
inscribe			
ambulance			
wholly			
usurious			
momentum			
felon			
guinea			
resplendent			
mausoleum			

Tuesday Week 2

Using a dictionary or the internet, write the definition of each of your spelling words.

arrogate	
inscribe	
ambulance	
wholly	
usurious	
momentum	
felon	
guinea	
resplendent	
mausoleum	

Wednesday — Week 2

Write a sentence using each of the spelling words.

arrogate	
inscribe	
ambulance	
wholly	
usurious	
momentum	
felon	
guinea	
resplendent	
mausoleum	

Thursday

Find all the spelling words in this word search puzzle.

Grade 12 Week 2

```
L M L Q V A L N B T G C M W N V L M L X
Y L M J N G E D K K T U C M H C W L Z B
P M Y Y T T G N X M E L V B E O G N P M
Y L G M T R J K I L L P K B X C L L Q M
L C E U J W N V O U K T I Q Q T Q L Q V
K K T S X K D S M V G R Q K D T M K Y X
Z Y A U M R U Y Y H C N G R T L N L T M
H K G R P A X B H S R M J L L L B X N T
N X O I M L F M N J M Z P M L Y N P E T
L V R O K F K I P C K R M G X L V Y D R
M N R U C L N R K T M P K F R C B Z N M
M D A S T M C A M B U L A N C E L M E M
F K N O L E F R Z C L M W T J D W C L K
V L H H J Z K L D N O N J C R J K Z P Q
Q J K H D R W T R M Y T R B K T L B S D
R K V R W G W K E M M P N R Y C D V E M
M R R N N M B N H R F N H D N H T K R D
C N X Z R T T L D R T M B K D D L X J V
L C V T G U N T C M Z K G N L Y K L J X
K W D H M V K X Q L T P X N L G W L L J
```

ambulance   mausoleum

arrogate   momentum

felon   resplendent

guinea   usurious

inscribe   wholly

Friday   Week 2

Have someone read the spelling words for the spelling test.
Write your grade here and on the grade sheet at the front of the book.

1.	
2.	
3.	
4.	
5.	
6.	
7.	
8.	
9.	
10.	

Grade:	

Monday　　　　　　　　　　　　　　　　　　　　　　　　Week 3

Google the words, listen to the pronounciations and write the words 3 times.

insurrection			
hydrostatics			
partition			
euphonious			
resuscitate			
keepsake			
similar			
veneer			
wretchedness			
extremist			

Tuesday　　　　　　　　　　　　　　　　　　　　　　　　　　　　Week 3

Using a dictionary or the internet, write the definition of each of your spelling words.

insurrection	
hydrostatics	
partition	
euphonious	
resuscitate	
keepsake	
similar	
veneer	
wretchedness	
extremist	

Wednesday	Week 3

Write a sentence using each of the spelling words.

insurrection	
hydrostatics	
partition	
euphonious	
resuscitate	
keepsake	
similar	
veneer	
wretchedness	
extremist	

Thursday

Find all the spelling words in this word search puzzle.

Grade 12 Week 3

```
K H D D J M K V B T T M L C Z G F W K N
J J V R L R E N Y H Q V R N T H N M W R
Z M T F V K W U P D P L G L R Y R M R L
W K R W J K D N P N H X C D G V Y S K T
K F M D B L M F M H F N B L Q N C H S C
D R X V F C R T C N O Z R N Q I P H S K
K H Y B L P N D L Y R N M M T Q C W E T
T P A R T I T I O N H V I A X Q L E N P
D Q K D R P Z P T L K T T O T B P N D T
T P N G E R R N M M L S W S U S M O E D
P L W X S M M R N J O T I N A S H I H G
T L J X U N H Y E R M M L K M N H T C M
R R J K S K K J D E E L E W W T L C T G
X X R K C Q T Y V R N X T C T Y K E E X
R M Q G I K H R T V K E K M R M X R R T
C J L P T C P X T V Q R V R W K T R W M
B M R T A B E J N M L Y K Z R R V U G P
F M J T T B V R A L I M I S H F L S H K
D L G L E P W Y F V M N N V P Y D N N V
L H B H N D K T T L J G V K Q W J I L J
```

euphonious   partition

extremist   resuscitate

hydrostatics   similar

insurrection   veneer

keepsake   wretchedness

Friday																								Week 3

Have someone read the spelling words for the spelling test.
Write your grade here and on the grade sheet at the front of the book.

1.	
2.	
3.	
4.	
5.	
6.	
7.	
8.	
9.	
10.	

| Grade: | |

Monday   Week 4

Google the words, listen to the pronounciations and write the words 3 times.

guileless			
complicate			
reliquary			
sentience			
admonish			
abstain			
botanical			
absence			
decipher			
vocable			

Tuesday   Week 4

Using a dictionary or the internet, write the definition of each of your spelling words.

guileless	
complicate	
reliquary	
sentience	
admonish	
abstain	
botanical	
absence	
decipher	
vocable	

Wednesday   Week 4

Write a sentence using each of the spelling words.

guileless	
complicate	
reliquary	
sentience	
admonish	
abstain	
botanical	
absence	
decipher	
vocable	

Thursday

Find all the spelling words in this word search puzzle.

Grade 12 Week 4

```
N F T Y L M G Q K G S D C Z G T L K Y T
C M Y V M Y K K F Q H E W F H N J T L T
R N D Q T X L Z W M N N N K M Z N D H D
Y L J G H Z R X Y R H F N T V Q Q Y X L
D J Z T P V M J Y L Y R S A I F N D N Z
B K K R E L I Q U A R Y S D T E T V B T
N K C F K X N P K B N X E M P L N T T V
Y F T Z M R Q M R Y L P L O X M N C K J
Z M M Y H R Q P N X E K E N Y Y C N E B
H V N H X K B R T L D W L I V M E F C Z
L R L D N T C A B V M Z I S C T X M T N
N Y T D L E B A G R K F U H A M M T Z T
R R W Y J S C Z G L G H G C K N L R K M
E C H T T O X N Y L A C I N A T O B M L
H Y Z A V C Z X E X Y L H H G C F T X X
P K I T N W L F P S P C R N R G F D R V
I N T H K Q K Q D M B F D Y M G F T V Z
C Y V L Q J Z J O T D A T F Y X K J F M
E T Q L M D T C Z Y N K F T R X K P H Z
D Q F R K W N R M L W K V N M K J Z K R
```

© 2020 by Elizabeth Little. Made using 1-2-3 Word Search Maker™

absence	decipher
abstain	guileless
admonish	reliquary
botanical	sentience
complicate	vocable

Friday   Week 4

Have someone read the spelling words for the spelling test.
Write your grade here and on the grade sheet at the front of the book.

1.	
2.	
3.	
4.	
5.	
6.	
7.	
8.	
9.	
10.	

Grade:	

Monday　　　　　　　　　　　　　　　Week 5

Google the words, listen to the pronounciations and write the words 3 times.

telepathy			
progeny			
conscious			
squatter			
recreate			
cardinal			
opportune			
forthright			
upheave			
recourse			

Tuesday — Week 5

Using a dictionary or the internet, write the definition of each of your spelling words.

telepathy	
progeny	
conscious	
squatter	
recreate	
cardinal	
opportune	
forthright	
upheave	
recourse	

Wednesday Week 5

Write a sentence using each of the spelling words.

telepathy	
progeny	
conscious	
squatter	
recreate	
cardinal	
opportune	
forthright	
upheave	
recourse	

Thursday

Find all the spelling words in this word search puzzle.

Grade 12 Week 5

```
L M G F K D Q T D D C T L X V R W W E K
T L K Y L T N Y H A P T G T N M K S W Y
J R Y B W Q L X R G G Y M Q V K R X G V
N K J C M K J D J I X K L N U T M Z T
J M K C M V I T N V J R V Z O T N N Z N
K Q R C K N Q Y Q F L D H C B J C G N H
J W K N A J Q T S M X T E T L F X K C Q
M W F L M L T C M Q K R P D R K K V M P
J Y W T V M M J H T U W F K C O M N K T
M H K M M Y R G K M R A T G C L F C L R
P T R M V G E M T B W T T V W N X Y K T
Q A L N W J C C L K K G Z T Y T N V Q T
H P R G N T R K R L F K Z R E E L Z Q E
N E L N B K E F P Y L Z B K G R J R T V
X L J M F T A H K V R K Q O T X C B C A
V E T M K B T R D P V W R N N N N F M E
L T N R L P E K V N M P V Z B D Z T H H
W L R R R T B Y K L X M V H H Z Y C M P
X M C O N S C I O U S T Y W R J L C R U
G T D R B L L E N U T R O P P O Z L L L
```

© 2020 by Elizabeth Little. Made using 1-2-3 Word Search Maker™

cardinal   recourse
conscious   recreate
forthright squatter
opportune   telepathy
progeny   upheave

Friday   Week 5

Have someone read the spelling words for the spelling test.
Write your grade here and on the grade sheet at the front of the book.

1.	
2.	
3.	
4.	
5.	
6.	
7.	
8.	
9.	
10.	

Grade:	

Monday Week 6

Google the words, listen to the pronounciations and write the words 3 times.

peccable			
extensive			
landlord			
contemplate			
conceit			
overweight			
averse			
refract			
inexperience			
cornice			

Tuesday Week 6

Using a dictionary or the internet, write the definition of each of your spelling words.

peccable	
extensive	
landlord	
contemplate	
conceit	
overweight	
averse	
refract	
inexperience	
cornice	

Wednesday　　　　　　　　　　　　　　　　　　　　Week 6

Write a sentence using each of the spelling words.

peccable	
extensive	
landlord	
contemplate	
conceit	
overweight	
averse	
refract	
inexperience	
cornice	

Thursday

Find all the spelling words in this word search puzzle.

Grade 12 Week 6

```
R K M L Y H P T G N V C T R F C L D D T
K V L R L V E K K K K B Z J H H X T N E
M C H N W L L K N L A N D L O R D T V C
K O W N D B B B R P L M Y B Y V R I P N
M N P P B C A C T K F N V C V F S M T E
J C N J P N C F O K J L N R G N Z Q D I
W E R J C T C L T N M R K W E Y M H M R
C I Z Q H Q E R Z L T B M T Y D X R L E
B T V K T T P T C L M E X P C J J M B P
K B L N P Y N T E X M E M L M P M B B X
J C T J T B W C L R G N M P Z R O K M E
H H M C M Q I E S R E V A W L V V R C N
M R N D A N L M J Z K C G N E A N T T I
L M Y R R R M G C D K H T R Z T T Z Q X
T K R O N P F T G J R P W K W K F E K Z
R T C M D T L E B W M E T B L L D L M M
L Z N L V Q X T R D I C R G C R F F C X
T N T T T N T B X N G J M J X X Z Q L N P
J X K N R P V H H J C L F B D M L B N Z
M F T R Y H N T G X N T R Q M R V D J G
```

averse	inexperience
conceit	landlord
contemplate	overweight
cornice	peccable
extensive	refract

Friday   Week 6

Have someone read the spelling words for the spelling test.
Write your grade here and on the grade sheet at the front of the book.

1.	
2.	
3.	
4.	
5.	
6.	
7.	
8.	
9.	
10.	

| Grade: | |

Monday Week 8

Google the words, listen to the pronounciations and write the words 3 times.

idiosyncrasy			
slothful			
humanitarian			
tarnish			
anticlimax			
pertinacious			
naturally			
fungous			
precedence			
perspicacious			

Tuesday　　　　　　　　　　　　　　　　　　　　　　　　　　　　Week 7

Using a dictionary or the internet, write the definition of each of your spelling words.

idiosyncrasy	
slothful	
humanitarian	
tarnish	
anticlimax	
pertinacious	
naturally	
fungous	
precedence	
perspicacious	

Wednesday   Week 7

Write a sentence using each of the spelling words.

idiosyncrasy	
slothful	
humanitarian	
tarnish	
anticlimax	
pertinacious	
naturally	
fungous	
precedence	
perspicacious	

Thursday

Find all the spelling words in this word search puzzle.

Grade 12 Week 7

```
B W T K L Z W T Y K N P R N T R Z M D P
V Z D M Z Y X N B K Y D C M F P T Y R G
K G R L X J T J D K T T N Q E T T R R M
Y P R L W T P Q P N D W W R T Y W X P Y
R K K N M K T N J Y R K T H J C R T G S
A D L Q Q P C R C W M I K M P L M S Y A
N N L M V F K P Q V N N X X V N U Z M R
T K N C L X V K L A L Z R Y G O B X K C
I M N Z T X R R C F L M K Q I R Q R K N
C V R E X L M I T N N B W C R L J K J Y
L L R C P S O X K A H R A Z U X F B T S
I H G N K U U N L J R C D F D N T J P O
M K N E S X K O X R I N H M C J L H L I
A P J D V N V T G P R T I R Y J L B D D
X L V E L G H C S N O K H S Y C G X W I
R M K C R L N R Y L U T N X H C D T P T
W D N E K J E V S R L F T M R K D F K W
Q G H R D P N N Y D Z D M V L G W R M N
P T W P Y L L A R U T A N K P H K L F Z
F H U M A N I T A R I A N T C F C M B L
```

© 2020 by Elizabeth Little. Made using 1-2-3 Word Search Maker™

anticlimax   perspicacious

fungous   pertinacious

humanitarian   precedence

idiosyncrasy   slothful

naturally   tarnish

Friday   Week 7

Have someone read the spelling words for the spelling test.
Write your grade here and on the grade sheet at the front of the book.

1.	
2.	
3.	
4.	
5.	
6.	
7.	
8.	
9.	
10.	

Grade:	

Monday　　　　　　　　　　　　　　　　Week 8

Google the words, listen to the pronounciations and write the words 3 times.

apotheosis			
miscreant			
depression			
encyclical			
adjutant			
olfactory			
epilogue			
sapience			
longevity			
pestilent			

Tuesday   Week 8

Using a dictionary or the internet, write the definition of each of your spelling words.

apotheosis	
miscreant	
depression	
encyclical	
adjutant	
olfactory	
epilogue	
sapience	
longevity	
pestilent	

Wednesday   Week 8

Write a sentence using each of the spelling words.

apotheosis	
miscreant	
depression	
encyclical	
adjutant	
olfactory	
epilogue	
sapience	
longevity	
pestilent	

Thursday

Find all the spelling words in this word search puzzle.

Grade 12 Week 8

```
J Q D W L L D T K V E R L G T D Y X R H
B K N R K F M K D T L C V J O Q Q W P N
M D T P L D Y C C G H F N L T R Y C D Z
T C P D Y R T J D R F Y F E M V M B M G
Q W K N L Q M J L R V A R K I K X T T Y
D E P R E S S I O N C A Y P L P M M T B
F M H N V Y M H Z T N D L L P L A K R B
T W N D X Z R T O R M J C R D N C S G V
D V T M X H W R V G G U L N M H M Y F L
Z J K N Y L Y E N M N T X P H M D L T Q
M R L V T S F B N R X A C N X B Z N R V
L N T Z I I R X T C M N K T T R A X R T
Q Q Z Q V S H H K M Y T C N C E V X T W
X L K Z E O H F W G C C E M R G T V K Z
N H T F G E D M N M R L L C M K V M Z J
Z C T M N H G H B H I K S I T T L Y L X
J T P T O T Y Y X T L I K Z C R K C C D
V Q V V L O K B S V M M T G Z A Z F V J
X J L X V P B E U G O L I P E L L M N D
R C M N M A P Z N K Q F R M Q K R M R N
```

adjutant

apotheosis

depression

encyclical

epilogue

longevity

miscreant

olfactory

pestilent

sapience

Friday Week 8

Have someone read the spelling words for the spelling test.
Write your grade here and on the grade sheet at the front of the book.

1.	
2.	
3.	
4.	
5.	
6.	
7.	
8.	
9.	
10.	

Grade:	

Monday   Week 9

Google the words, listen to the pronounciations and write the words 3 times.

by-law			
overpay			
secretary			
protector			
remuneration			
dragoon			
rotary			
inextensible			
masquerade			
bedeck			

Tuesday	Week 9

Using a dictionary or the internet, write the definition of each of your spelling words.

by-law	
overpay	
secretary	
protector	
remuneration	
dragoon	
rotary	
inextensible	
masquerade	
bedeck	

Wednesday   Week 9

Write a sentence using each of the spelling words.

by-law	
overpay	
secretary	
protector	
remuneration	
dragoon	
rotary	
inextensible	
masquerade	
bedeck	

Thursday

Find all the spelling words in this word search puzzle.

Grade 12 Week 9

```
G V M R K B K G L W V K D H N K M C T M
L H B E Q J K W P F H R R K R F K X B W
G P F M X T N G R K A D N G P P T K C T
L Q H U T J Z Z C G B N K V Y V T P D K
L N C N L R N E O Q K K T A P G W P Y F
J Y C E T N D O Y M N L P T K Q W L Z V
Y B L R E E N P W G Z R Q D P Q B W N T
X H Z A B L G B F D E K F M P C G M F P
R Z M T K T B P L V N L K P X G C M Y W
L K B I W N J I O S E C R E T A R Y R P
Q R P O P E N X S K G K P N M D B L P T
L D Y N Z D M M W N P M X M K M D X G P
M R L K Q A F D L M E R Y R A T O R K M
R P V X K R G K L N N T O X F X L Y D B
M H V M K E V W R D X B X T F R J M X L
F K M V D U L A V B M K X E E G Y X W F
K Z F H J Q W L M J J L T C N C F K T P
C X L T W S X - R M M M Q R Y I T H M V
W B J Y L A Q Y K L T D T K C D L O H H
T C K M C M L B B D G Q K Y T M M T R R
```

© 2020 by Elizabeth Little. Made using 1-2-3 Word Search Maker™

bedeck	overpay
by-law	protector
dragoon	remuneration
inextensible	rotary
masquerade	secretary

Friday   Week 9

Have someone read the spelling words for the spelling test.
Write your grade here and on the grade sheet at the front of the book.

1.	
2.	
3.	
4.	
5.	
6.	
7.	
8.	
9.	
10.	

Grade:	

Monday Week 10

Google the words, listen to the pronounciations and write the words 3 times.

punitive			
vigilance			
outlaw			
protuberant			
aeronautics			
locative			
forth			
monstrosity			
convivial			
evade			

Tuesday   Week 10

Using a dictionary or the internet, write the definition of each of your spelling words.

punitive	
vigilance	
outlaw	
protuberant	
aeronautics	
locative	
forth	
monstrosity	
convivial	
evade	

Wednesday · Week 10

Write a sentence using each of the spelling words.

punitive	
vigilance	
outlaw	
protuberant	
aeronautics	
locative	
forth	
monstrosity	
convivial	
evade	

Thursday

Find all the spelling words in this word search puzzle.

Grade 12 Week 10

```
C M B Z L J Y G X P V X D K Z W D R F V
F L V R X N M C E W R Z T L C T F J W J
Y N N W H V M D W L Z O N X F M L D P T
R V Q M H J A N K N L K T L Q O Y Y Y X
L P B N W V Y R L C E Q P U C G F W M X
L B P W E R M B N C M Y D A B Z A C M N
A L V D L T R R N M Q J T F H E E Q V X
I N Y M R G X A D T E I L P M K R D J N
V L L T W R L N R R V M M G W R O A L Y
I N Y Q I I X T M E I D Y M M H N Y N R
V R L T G S R G L C T T R Z M T A N D T
N G L I Y F O B J L I P Y X K P U Q G M
O R V F W V X R H Y N B N K N R T P B K
C T K L L C J K T L U K J C T T I F X C
O U T L A W W C Y S P B P P D J C L R K
V N M R V G H C W W N J N J J F S P B G
M C W H F X D W N D J O J H T Q Z H L N
X B V K Q H T R O F K Q M V G B X L P N
Q V M L N P T R J P L L R T D T W D Q Z
Y M J T N Q H L R M Q K W D K M W M D F
```

aeronautics monstrosity

convivial outlaw

evade protuberant

forth punitive

locative vigilance

Friday   Week 10

Have someone read the spelling words for the spelling test.
Write your grade here and on the grade sheet at the front of the book.

1.	
2.	
3.	
4.	
5.	
6.	
7.	
8.	
9.	
10.	

Grade:	

Monday — Week 11

Google the words, listen to the pronounciations and write the words 3 times.

resistless			
domination			
cosmos			
success			
visage			
salvage			
patrician			
incendiary			
conjoin			
descry			

Tuesday   Week 11

Using a dictionary or the internet, write the definition of each of your spelling words.

resistless	
domination	
cosmos	
success	
visage	
salvage	
patrician	
incendiary	
conjoin	
descry	

Wednesday　　　　　　　　　　　　　　　　　　Week 11

Write a sentence using each of the spelling words.

resistless	
domination	
cosmos	
success	
visage	
salvage	
patrician	
incendiary	
conjoin	
descry	

Thursday

Find all the spelling words in this word search puzzle.

Grade 12 Week 11

```
N Z C F C L D N T Y Q S K Y W Y D R X K
K B L D L Q P B W X R K U T R Z K W H H
L M L N Z L M Q B L Y A G C T M N X C Z
L C O S M O S F Z X K H I T C D D R R R
Y B W T M M F N R N T L R D P E R Z Z L
R B P M M R T K M K R Q K M N P S W W S
F R R N A I C I R T A P Z O Q E M S G S
P T N J K R V R M C L C I G X V C Y M E
X F C T Y T I V T M L T T R D M T N X L
B M Y D K N S K L N A S D D V Q M X I T
J L K T R P A Y D N A P M X G K D P B S
Z Y L Q M R G R I L H R N Y P Z T K T I
F N X V F R E M V H Y T W N Q M Q Z L S
R M C M L D O A G R R R V I T B D Q V E
X T Z L G D G V M B Q Y K O M X Q R G R
N M K M T E J K J L R K N J F W V B N D
P R Y R L N R Y Q C Y H G N R J D R T D
N L K X F F T T S R K X D O M R R Q V R
K Q K C L N T E M D D J L C T Q L P Y K
D Q M Q L V D Z H T Y T C M M F T K Y P
```

© 2020 by Elizabeth Little. Made using 1-2-3 Word Search Maker™

conjoin   patrician

cosmos   resistless

descry   salvage

domination   success

incendiary   visage

Friday   Week 11

Have someone read the spelling words for the spelling test.
Write your grade here and on the grade sheet at the front of the book.

1.	
2.	
3.	
4.	
5.	
6.	
7.	
8.	
9.	
10.	

| Grade: | |

Monday Week 12

Google the words, listen to the pronounciations and write the words 3 times.

virile			
repute			
sense			
continuity			
stimulate			
fluctuate			
penitence			
preferential			
decapitate			
rescind			

Tuesday Week 12

Using a dictionary or the internet, write the definition of each of your spelling words.

virile	
repute	
sense	
continuity	
stimulate	
fluctuate	
penitence	
preferential	
decapitate	
rescind	

Wednesday Week 12

Write a sentence using each of the spelling words.

virile	
repute	
sense	
continuity	
stimulate	
fluctuate	
penitence	
preferential	
decapitate	
rescind	

Thursday

Find all the spelling words in this word search puzzle.

Grade 12 Week 12

```
H Q L Y V T N T M P K L N P Z Q T L R X
L D W L R M Y R C B Z B K C R X F Q N B
M A P Z Y N C L M Q M H D R T L D D Q D
X B I B T M V X R N G D C B R F J M N K
R Z K T L W W B F L N Q H D Q H V D C J
L P Z L N C P L T I Z Z P W G Y K D B M
X X C H E U C C X R H W G F S H M J K
K G M W O C R S N M V J F P M T W K W R
L K N X T N E E R R L L F Z M I F J H J
V R W U B R T L F R Q J M E T M K P X X
T L A R K T K I V E M Z M T K U R N T K
P T Y J F Q M F N N R K L A X L L W M R
E D T D S E N S E U V P L T G A Z N W J
T F M K T R E Z Z K I L Y I T T Q T G E
L Y R W W G L L N D N T T P J E D Q T H
K R R J R M I C M H Q R Y A D H C U Y G
G D X V Z D R N Q B T L M C D P P B J N
F F L V B K I K W K T Q F E R E K D V G
X T X M L T V M T X F K Q D R V Z T T M
L R W H L E C N E T I N E P Z M Y Y L M
```

© 2020 by Elizabeth Little. Made using 1-2-3 Word Search Maker™

continuity	repute
decapitate	rescind
fluctuate	sense
penitence	stimulate
preferential	virile

Friday   Week 12

Have someone read the spelling words for the spelling test.
Write your grade here and on the grade sheet at the front of the book.

1.	
2.	
3.	
4.	
5.	
6.	
7.	
8.	
9.	
10.	

Grade:	

Monday Week 13

Google the words, listen to the pronounciations and write the words 3 times.

sapient			
eliminate			
quantity			
arrant			
ardent			
avocation			
incontrovertible			
anxious			
necrosis			
sluggard			

Tuesday · Week 13

Using a dictionary or the internet, write the definition of each of your spelling words.

sapient	
eliminate	
quantity	
arrant	
ardent	
avocation	
incontrovertible	
anxious	
necrosis	
sluggard	

Wednesday   Week 13

Write a sentence using each of the spelling words.

sapient	
eliminate	
quantity	
arrant	
ardent	
avocation	
incontrovertible	
anxious	
necrosis	
sluggard	

Thursday

Find all the spelling words in this word search puzzle.

Grade 12 Week 13

```
D  K  N  Z  M  Y  R  P  D  N  Z  K  T  B  H  N  K  P  Q  Z
X  J  T  T  K  K  C  F  L  Q  U  A  N  T  I  T  Y  B  Q  P
D  Y  P  T  K  Q  Z  R  T  N  X  M  H  L  N  M  L  J  P  V
H  T  P  B  S  W  J  Z  L  K  M  J  E  T  A  Z  Q  J  P  V
F  N  P  H  I  J  R  M  J  W  Q  T  N  V  P  C  N  Y  L  D
L  E  M  F  S  W  D  Q  F  L  A  W  O  L  J  G  L  K  R  T
L  I  T  N  O  W  J  J  Y  N  N  C  W  H  T  T  D  A  L  L
M  P  M  H  R  T  P  H  I  S  A  L  T  K  W  K  G  L  K  N
W  A  K  R  C  Y  N  M  X  T  U  Q  H  Z  B  G  Z  T  B  C
K  S  M  Z  E  Y  I  Q  I  C  A  O  Z  J  U  L  V  N  W  P
L  K  A  C  N  L  L  O  B  J  R  G  I  L  Z  N  T  R  B  N
L  T  L  R  E  R  N  W  P  D  D  J  S  X  F  M  J  G  N  C
L  N  N  B  R  M  F  B  D  J  E  J  N  H  N  R  G  M  T  N
Z  B  K  T  L  A  L  M  L  M  N  C  T  V  Y  A  K  K  B  P
Z  C  D  F  M  T  N  R  F  Y  T  X  G  M  W  N  N  X  Z  G
Q  R  B  P  L  K  H  T  L  R  L  K  M  P  M  R  R  D  R  K
K  J  E  L  B  I  T  R  E  V  O  R  T  N  O  C  N  I  G  V
R  T  M  N  W  Z  Y  K  R  B  N  J  P  T  M  M  T  M  R  V
Y  W  F  M  R  H  K  L  T  M  D  T  X  L  J  G  Z  Z  D  L
V  X  F  R  T  F  L  F  R  K  D  G  R  K  N  R  R  M  J  T
```

© 2020 by Elizabeth Little. Made using 1-2-3 Word Search Maker™

anxious   incontrovertible

ardent   necrosis

arrant   quantity

avocation   sapient

eliminate   sluggard

Friday   Week 13

Have someone read the spelling words for the spelling test.
Write your grade here and on the grade sheet at the front of the book.

1.	
2.	
3.	
4.	
5.	
6.	
7.	
8.	
9.	
10.	

Grade:	

Monday　　　　　　　　　　　　　　　　　　Week 14

Google the words, listen to the pronounciations and write the words 3 times.

biography			
retrospect			
stature			
negligent			
mockery			
affront			
intimacy			
embezzle			
wherever			
technique			

Tuesday   Week 14

Using a dictionary or the internet, write the definition of each of your spelling words.

biography	
retrospect	
stature	
negligent	
mockery	
affront	
intimacy	
embezzle	
wherever	
technique	

Wednesday　　　　　　　　　　　　　　　　　　　　　　　　　　　　Week 14

Write a sentence using each of the spelling words.

biography	
retrospect	
stature	
negligent	
mockery	
affront	
intimacy	
embezzle	
wherever	
technique	

Thursday

Find all the spelling words in this word search puzzle.

Grade 12 Week 14

```
L W H T M M R W F K X N R N T Y Q V M R
H C G N X K F L X G L L H C W V D A T T
G Q R P P K N M Y M T Y E D M R F L V G
Z P L R S T A T U R E P P G N F N N R H
K L Z W M W N F T E S N N D R V C J K D
R T C J M T B L N O L G E O T X K L P T
K Q T B W R Q H R F E Z N G R G X M H Z
M W L K L K D T P U L T Z V L D D W V K
L T R W P X E J Q T M B L E Y I C M Y T
M T T V R N I Y F K V R B B R G L G N
Q K M B Z T N H H P Z R F M H M D E C D
L D M F N H D Y P R X G M T J R E P N B
R C L W C L G N A E N X O W Z G T D N T
F N L E B M T L R V J N C F N H D M L F
V J T J Y M G W G E J M K F B J Q F W H
Q M F B N R P K O R T P E F R W V L N B
K K L P W T W G I E N C R T L B W F H H
T G L V R G W M B H Z H Y R R V K R T T
K L M T Q L H Q V W F K Z T N N P B M K
G T J Y T D N V L T Y C A M I T N I M Y
```

© 2020 by Elizabeth Little. Made using 1-2-3 Word Search Maker™

affront   negligent

biography   retrospect

embezzle   stature

intimacy   technique

mockery   wherever

Friday   Week 14

Have someone read the spelling words for the spelling test.
Write your grade here and on the grade sheet at the front of the book.

1.	
2.	
3.	
4.	
5.	
6.	
7.	
8.	
9.	
10.	

Grade:	

Monday	Week 15

Google the words, listen to the pronounciations and write the words 3 times.

brazier			
obsequies			
kingship			
imperil			
consign			
versatile			
cranium			
kimono			
prima			
contravene			

Tuesday — Week 15

Using a dictionary or the internet, write the definition of each of your spelling words.

brazier	
obsequies	
kingship	
imperil	
consign	
versatile	
cranium	
kimono	
prima	
contravene	

Wednesday Week 15

Write a sentence using each of the spelling words.

brazier	
obsequies	
kingship	
imperil	
consign	
versatile	
cranium	
kimono	
prima	
contravene	

Thursday

Find all the spelling words in this word search puzzle.

Grade 12 Week 15

```
K H L P F G J D Y R T X B R B M K X V E
N Z K K N K W K L L G F L M R K C E N W
K T D G T Z C N K F K Q G J L D R E G N
L G N G B N B H T H Z G V N S V M T M
M N H K Y K P L R L N J F F A A T N N L
H H Q M D W Q T L V C D N T R Q C L G Q
C K Z X Q Z M L Y D B H I T X C X T R P
O T P R K D G P G X W L N Y K H T N L N
N V H R V T Q D N F E O L N B L C H V Q
S N X M U I N A R C C L T J H L C B G X
I O T W R N X G K M K P S R K N R M N K
G T N W K K B G M V W E Z R F N M N T L
N Q L O I X B K G K I N G S H I P K N A
J R Y W M M L K D U N D H V J J G M M M
L E K M X I P B Q L T N F L P R X F M I
C I N C P R K E W T V M Y L L H P W K R
T Z X V B R S R R F K M X V M G K B D P
X A D C L B L F H I R R V Z G N V Q B J
B R V C O N G F Q M L T K K K D R T V K
W B V R Y N M W H Z G K K Q R D F G R D
```

brazier   kimono

consign   kingship

contravene   obsequies

cranium   prima

imperil   versatile

Friday   Week 15

Have someone read the spelling words for the spelling test.
Write your grade here and on the grade sheet at the front of the book.

1.	
2.	
3.	
4.	
5.	
6.	
7.	
8.	
9.	
10.	

Grade:	

Monday Week 16

Google the words, listen to the pronounciations and write the words 3 times.

baritone			
calumny			
azure			
stultify			
workmanlike			
physiology			
piece			
pleasant			
forepeak			
cite			

Tuesday　　　　　　　　　　　　　　　　　　　　　　　　　　　　Week 16

Using a dictionary or the internet, write the definition of each of your spelling words.

baritone	
calumny	
azure	
stultify	
workmanlike	
physiology	
piece	
pleasant	
forepeak	
cite	

Wednesday — Week 16

Write a sentence using each of the spelling words.

baritone	
calumny	
azure	
stultify	
workmanlike	
physiology	
piece	
pleasant	
forepeak	
cite	

Thursday

Find all the spelling words in this word search puzzle.

Grade 12 Week 16

```
C Y H T R M Z M H W X W V N W G Y J N V
P H X P V H C R H X M H Z J D C M Y M T
T G L R P W P G G H H H F E T X B C L P
L N B T Y N L W N P R D V N X X P G T F
J N A V B Q D M J Q K R R O W T N H L V
N D L S R R X W D W W K T T N Q K Z H Z
W M X M A L X N L T G D B I N J K Q D X
W T L R V E P Z Y R N W T R K L Z F T R
O L K M J M L T A Z U R E A R N C C F L
R K R B V S K P K F Y J T B P K Y X M F
K L H K T P T L H M F K R H G N G T W T
M P V A L F N U V J J L Y W M K M N N M
A G X E K Y T J L K T S Z U Y T W P R F
N X J P J R R P L T I J L T H M M L Y R
L Z Q E B R B P Z O I A J P Q Q F H L E
I M F R W Z T L L N C F P C W L H R T Y
K G Z O R K G O J Z N Z Y Q J Z R I L W
E P T F K Z G C Q Z P Q R R P K C M F L
N W H N T Y L T T D T Q H L N R Q Y X C
N R E C E I P N G J R V M R J K Q X K P
```

© 2020 by Elizabeth Little. Made using 1-2-3 Word Search Maker™

azure   physiology

baritone   piece

calumny   pleasant

cite   stultify

forepeak   workmanlike

Friday   Week 16

Have someone read the spelling words for the spelling test.
Write your grade here and on the grade sheet at the front of the book.

1.	
2.	
3.	
4.	
5.	
6.	
7.	
8.	
9.	
10.	

Grade:	

Monday   Week 17

Google the words, listen to the pronounciations and write the words 3 times.

genesis			
prate			
testament			
rankle			
deceitful			
mutilate			
allege			
cameo			
protective			
impregnate			

Tuesday   Week 17

Using a dictionary or the internet, write the definition of each of your spelling words.

genesis	
prate	
testament	
rankle	
deceitful	
mutilate	
allege	
cameo	
protective	
impregnate	

Wednesday Week 17

Write a sentence using each of the spelling words.

genesis	
prate	
testament	
rankle	
deceitful	
mutilate	
allege	
cameo	
protective	
impregnate	

Thursday

Find all the spelling words in this word search puzzle.

Grade 12 Week 17

```
M J T K Z W N H N Z Q D Z M N K J G L M
G G K P G Q N Z R X G T U F X B J B R V
V Q T F X V N V J E L T O J X K P L Y G
F T C J L Z F N T Y I L M E V Y F V Y Y
B T Z C T Y C A F L T Z W Y M X H L X V
N G G C R Z N M A D T C N H V A Z Q M Y
D L F Y K G B T Q T L Q J T E K C L R N
J M K Y E J E K L B Y K M S V L C L N L
B Q F R Z H J H M B Q Z G I I T H Y G T
V K P L L H R Q N C C M K S T R X H F K
G M G H J W P N K M P T Z E C B L L C R
I K J R M T N B G P D W T N E G E L L A
T E S T A M E N T M E M Q E T V Q C G K
Z N R F L N X L C N C R H G O T J F B R
D L P R R L N Q K Q E T J R R W L Q C L
P N F N A X G Q N J I R C T P M V E P J
G L L N N D D V T T X Q T R G T J H N
X N Y M R N K X R K F J L F L A D Y C Z
Z P C R R Q M L F X U C Q H R T N K J P
G Z X T T Q T M E M L Z L P H B H J K Y
```

allege	mutilate
cameo	prate
deceitful	protective
genesis	rankle
impregnate	testament

Friday   Week 17

Have someone read the spelling words for the spelling test.
Write your grade here and on the grade sheet at the front of the book.

1.	
2.	
3.	
4.	
5.	
6.	
7.	
8.	
9.	
10.	

Grade:	

Monday — Week 18

Google the words, listen to the pronounciations and write the words 3 times.

unlawful			
obsolescence			
anagram			
compulsory			
ambiguous			
tutorship			
insipid			
contagious			
jocular			
complication			

Tuesday Week 18

Using a dictionary or the internet, write the definition of each of your spelling words.

unlawful	
obsolescence	
anagram	
compulsory	
ambiguous	
tutorship	
insipid	
contagious	
jocular	
complication	

Wednesday Week 18

Write a sentence using each of the spelling words.

unlawful	
obsolescence	
anagram	
compulsory	
ambiguous	
tutorship	
insipid	
contagious	
jocular	
complication	

Thursday

Find all the spelling words in this word search puzzle.

Grade 12 Week 18

```
B K P Z D J V S T D I P I S N I V X K T
Z C K Z T C X V U M M J N N M X Y P L G
L N V F B J P R L O J H M N M K M V K R
L R T N K N K L N K I B T R D E H W J W
M G M Y G R T U X R V G Z B C T X Z B M
H A M L Q K Q F G K Q D A N G W W T M N
V M J D J K J W L Z Z C E T G K N M R R
D B P C M M T A N M Y C T G N O L G Z A
Y I W G V P N L Y C S W H M I O R M R L
W G N R C P N N R E O J V T T T C R F U
H U L R R J T U L X D M A T U R N M F C
B O V G N R H O N L P C P T W K T C N O
L U K D B H S L F T I R O U W T J L X J
Z S L K R B W L J L Q R D H L D L P M B
K T N T O Y M D P Z S D H X T S H M N L
C V V Y T P R M M H Z V V Y Z L O M X Z
R X F V C D O M I Q D M J K X C V R J M
M G K L Y C W P B Q Y G R N C R D R Y N
N J B K N T V K A N A G R A M G P Z N T
T F T T X G K C C D F N L L X L R R Q M
```

ambiguous   insipid

anagram   jocular

complication   obsolescence

compulsory   tutorship

contagious   unlawful

Friday   Week 18

Have someone read the spelling words for the spelling test.
Write your grade here and on the grade sheet at the front of the book.

1.	
2.	
3.	
4.	
5.	
6.	
7.	
8.	
9.	
10.	

Grade:	

Monday — Week 19

Google the words, listen to the pronounciations and write the words 3 times.

vernacular			
acquisition			
inherent			
emerge			
arbiter			
finesse			
terminus			
decasyllable			
induct			
clandestine			

Tuesday   Week 19

Using a dictionary or the internet, write the definition of each of your spelling words.

word	definition
vernacular	
acquisition	
inherent	
emerge	
arbiter	
finesse	
terminus	
decasyllable	
induct	
clandestine	

Wednesday Week 19

Write a sentence using each of the spelling words.

vernacular	
acquisition	
inherent	
emerge	
arbiter	
finesse	
terminus	
decasyllable	
induct	
clandestine	

Thursday

Find all the spelling words in this word search puzzle.

Grade 12 Week 19

```
K B V T R G H F H D R W H F P L B P R Y
F R J G X F Z V R V L Q N F E E C T R V
Y L C L R W X R T F T L T Z N M Z L N R
L A F J A R C R X N D L G I P C E F R P
W R L N L X D P X P Q X T Y J K K R N L
V B R F U K R X H T J S N R K G V P G G
K I M T C W L C D M E C M H W D K B B E
L T T R A G E R F D V F N F X K N X F D
K E X C N G D L N N I M K V T L J H C X
R R T T R V X A B N J R Q Z H X B R N K
X Z M X E L L Y E A M F K V C R N O H M
L N R G V C J S D J L R B C T M I R C W
Y P H X T X S Z L T R L B W K T T K X N
R W F T Z E G K B M N T Y W I D T R C R
J R L T C N W Y J H T F B S K H V F R Y
D G C C S U N I M R E T I K A D L C G K
Y H P U N H R T N L Z U C T D C X Z V Z
B X H D N V J Y C H Q Y T X T M E L L Y
R L J N P R R J G C Y T D B Y T B D R G
W R J I Z V V L A I N H E R E N T M Q Y
```

acquisition   finesse

arbiter   induct

clandestine   inherent

decasyllable   terminus

emerge   vernacular

Friday   Week 19

Have someone read the spelling words for the spelling test.
Write your grade here and on the grade sheet at the front of the book.

1.	
2.	
3.	
4.	
5.	
6.	
7.	
8.	
9.	
10.	

Grade:	

Monday Week 20

Google the words, listen to the pronounciations and write the words 3 times.

whine			
consonant			
relish			
gamut			
antislavery			
isle			
consumption			
deviate			
Elizabethan			
bric-a-brac			

Tuesday   Week 20

Using a dictionary or the internet, write the definition of each of your spelling words.

whine	
consonant	
relish	
gamut	
antislavery	
isle	
consumption	
deviate	
Elizabethan	
bric-a-brac	

Wednesday   Week 20

Write a sentence using each of the spelling words.

whine	
consonant	
relish	
gamut	
antislavery	
isle	
consumption	
deviate	
Elizabethan	
bric-a-brac	

Thursday

Find all the spelling words in this word search puzzle.

Grade 12 Week 20

```
K V D V M P Z W G Y F R H E L J R T L H
N A P N T R G Y Q J L N R P T M T C N K
P N N X K V G C H Q E V C K T A Z N N D
D T A K P Y K J Y J N G T V X N I C T C
Y I H B T V L Y M T I H N L Y N T V L M
G S T G Y Q B G V K H T Z P D C M N E K
F L E R A D J W R D W K L K R L C R T D
N A B D T M N O I T P M U S N O C N H D
Z V A L W X U V B M T P R H C B A N D R
J E Z B X Q M T D H X B D G T N C L C P
Z R I D Q L D F T C J X K N O T X A I P
F Y L P X J B B F Q G W X S T N R S P M
R H E X T J R E L I S H N Q R B L T Y Q
D L F B K M Z T J V K O R N - E P C Y Q
C Z L F K T F F P L C L D A H R M N D W
N M Q G N W H M N T R N - G L T Y C Y K
K B Y N L N V K B V D C R K Y R M W R M
N P W T G K N B N D I N D K T F D Q H T
R R B H L H Z L X R P G R M W N D F C T
Q L T T G H K T B W L D N M T R R Q J Y
```

© 2020 by Elizabeth Little. Made using 1-2-3 Word Search Maker™

antislavery	Elizabethan
bric-a-brac	gamut
consonant	isle
consumption	relish
deviate	whine

Friday   Week 20

Have someone read the spelling words for the spelling test.
Write your grade here and on the grade sheet at the front of the book.

1.	
2.	
3.	
4.	
5.	
6.	
7.	
8.	
9.	
10.	

Grade:	

Monday   Week 21

Google the words, listen to the pronounciations and write the words 3 times.

nameless			
recollect			
decimate			
bestrew			
mutation			
disciplinary			
forfend			
pontiff			
germane			
boisterous			

Tuesday Week 21

Using a dictionary or the internet, write the definition of each of your spelling words.

nameless	
recollect	
decimate	
bestrew	
mutation	
disciplinary	
forfend	
pontiff	
germane	
boisterous	

Wednesday   Week 21

Write a sentence using each of the spelling words.

nameless	
recollect	
decimate	
bestrew	
mutation	
disciplinary	
forfend	
pontiff	
germane	
boisterous	

Thursday

Find all the spelling words in this word search puzzle.

Grade 12 Week 21

```
M G V R W K T G F L L C F Z Q F R W R N
T K Q N Y H N D N E F R O F T Y T J V L
D E C I M A T E T T D T R R T K S T K J
W L V W X W M C L K M D M Z M U J R Z X
Y D B P K B E T W N I F K V O H M T K B
N W D R X L E D P S J Y N R Y M U M X N
V V P Z L T X S C B Y F E S X H T T F T
T D T O K N F I T K F T B S R B A M J C
T J C Y B K P F M R S M M E K Q T C T N
M E T N K L C Q I I E C G L V H I R Q J
R M B D I N T X O T R W D E Z M O H J R
Q V K N R J R B R W N N Q M R L N R H P
L P A N R R T W Z Y N O C A K K M J B N
R R F W E T X L Y T W J P N L G B Z D L
Y N N T N V P N Z L F M M T F Q G M D Y
N K J X A Q X Z T W N D Q R N M N L Z R
R K R Z M V H F K R L T K R W K Q W W L
K V R N R T L M F J L H Z C L V T K C L
K D B Y E P L X B N N J C L R X K Q M D
Q R R K G P Y Y D H J X J Q Y X Q Q N M
```

© 2020 by Elizabeth Little. Made using 1-2-3 Word Search Maker™

bestrew   germane

boisterous   mutation

decimate   nameless

disciplinary   pontiff

forfend   recollect

Friday   Week 21

Have someone read the spelling words for the spelling test.
Write your grade here and on the grade sheet at the front of the book.

1.	
2.	
3.	
4.	
5.	
6.	
7.	
8.	
9.	
10.	

Grade:	

Monday   Week 23

Google the words, listen to the pronounciations and write the words 3 times.

austere			
populace			
assent			
default			
observant			
ambulate			
exhaustion			
complacence			
overpass			
dissipate			

Tuesday — Week 22

Using a dictionary or the internet, write the definition of each of your spelling words.

austere	
populace	
assent	
default	
observant	
ambulate	
exhaustion	
complacence	
overpass	
dissipate	

Wednesday — Week 22

Write a sentence using each of the spelling words.

austere	
populace	
assent	
default	
observant	
ambulate	
exhaustion	
complacence	
overpass	
dissipate	

Thursday

Find all the spelling words in this word search puzzle.

Grade 12 Week 22

```
M G N O I T S U A H X E Q E R M G F L J
H X H R B N R G N T M K T N N X Y T C C
Q K N F V T W B K X Z A L A L J Q N C K
H T O R H C R T V L P J M N E Q G R R H
Z M B T K T R H N I X B X C R K R X S L
B C S T L B M J S L U M A L G C R G S V
N Z E K P X T S M L F L K R J M L R A L
D M R B L N I R A N U J V M X Y T L P T
R D V N L D H T K P M L B K R L T G R X
N L A P E C E T O P R L T V K J H P E B
E L N L B C R P T K X R H T Z M L R V R
R K T B M M N L L L F W D D V R R X O M
E P J Y A S S E N T W W X F E T B H R M
T L J R K H K B C X B K Q K N F D W Z N
S K K Z N X X M R A T K R L Q P A R X J
U G T L Q F M P B Y L L K M G M T U T G
A Y N Y M C N M V L N P Q R R B F L L J
R B X K T Y K R R M Z N M W B D D K R T
M T D L B L K T R B H Q W O T L M N F B
K C L C P C L N Y T Z N K T C Y R T Q L
```

© 2020 by Elizabeth Little. Made using 1-2-3 Word Search Maker™

ambulate	dissipate
assent	exhaustion
austere	observant
complacence	overpass
default	populace

Friday　　　　　　　　　　　　　　　　　　　　Week 22

Have someone read the spelling words for the spelling test.
Write your grade here and on the grade sheet at the front of the book.

1.	
2.	
3.	
4.	
5.	
6.	
7.	
8.	
9.	
10.	

Grade:

Monday Week 23

Google the words, listen to the pronounciations and write the words 3 times.

benefactor			
vortex			
preparation			
somniferous			
voluble			
racy			
fabulous			
rampant			
ordination			
chronology			

Tuesday   Week 23

Using a dictionary or the internet, write the definition of each of your spelling words.

benefactor	
vortex	
preparation	
somniferous	
voluble	
racy	
fabulous	
rampant	
ordination	
chronology	

Wednesday — Week 23

Write a sentence using each of the spelling words.

benefactor	
vortex	
preparation	
somniferous	
voluble	
racy	
fabulous	
rampant	
ordination	
chronology	

Thursday

Find all the spelling words in this word search puzzle.

Grade 12 Week 23

```
J T Z M Y P V S N R J K Z Y P Z D C L M
P R K N P T J Z O D Y T N V W T R W Y Z
L N F B G V L N Q M N L T V N F M C B X
N W W X X F V X G Y N R R L N R T C R N
O C T T V G L L T R A I W V K N Z B O L
I Y H N Q Q N W G C M M F Y W N K F T M
T G T G A W L P Y D Y X K E D C Q D C R
A W P R E P A R A T I O N D R R F H A C
N P G D K M M Y X B L J W N Y O H N F C
I B D T C N X A R P N R D G N M U J E M
D T M M R E N N R N Y M L V T K S N T
R J W K T M B G K B G J M L Q Z L N E K
O P C R G T T V T O V R V G W M Y B B C
L K O G Z K M H L V B Q O R X J X W V K
C V G M M B J O Z X K Z L X B K V C Y V
G R W C M D N V M K L F U D W R H D H R
B L T R H O Y G T K L N B P M K P Y P T
Y Y M R R N Y G J Y M L L N G R K Y N B
T M Y H F K T M T L H L E T N L R Q N X
T Q C P R D G W J S U O L U B A F L N Q
```

benefactor

chronology

fabulous

ordination

preparation

racy

rampant

somniferous

voluble

vortex

Friday   Week 23

Have someone read the spelling words for the spelling test.
Write your grade here and on the grade sheet at the front of the book.

1.	
2.	
3.	
4.	
5.	
6.	
7.	
8.	
9.	
10.	

Grade:	

Monday Week 24

Google the words, listen to the pronounciations and write the words 3 times.

recessive			
superlative			
punctilious			
sacrifice			
augur			
impeccable			
waif			
excretion			
pharmacy			
dastard			

Tuesday　　　　　　　　　　　　　　　　Week 24

Using a dictionary or the internet, write the definition of each of your spelling words.

recessive	
superlative	
punctilious	
sacrifice	
augur	
impeccable	
waif	
excretion	
pharmacy	
dastard	

Wednesday — Week 24

Write a sentence using each of the spelling words.

recessive	
superlative	
punctilious	
sacrifice	
augur	
impeccable	
waif	
excretion	
pharmacy	
dastard	

Thursday

Find all the spelling words in this word search puzzle.

Grade 12 Week 24

```
T T Q Q R P Z X X T V H T K L E W T L X
L C B Z Z F I A W R P N M G V X A L H C
N M Z J N T Z L K T K Q H I M P U F G T
Q W V K Y M N M V Z Y V T W R Z G Z R C
L L N G N L B L N W L A L J T T U X L P
N Q N T D O T P P L L T I M X M R R P H
X N W G N M I H R R V M Q T L Y T M C R
R T M S D T L T E W P Y K L M Q G M Z R
R R V P A F T P E E W J T V R M W K J N
N K P F Z C U D C R K R F T N P L V K T
X K X K H S R C R M C N X R Z E H P M T
X R K W N A A I J P P X K N B V Z Q M N
Y M M Z T B Z R F M G M E T N I Y M X M
C V W S L F M K T I R M J B P S C Y B M
A K A E B Q G N F J C N M W V S M T N P
M D N K H B H J P Z P E L T C E M B Z K
R M P T K N M X J L L L L N X C C Q N X
A W T N F H X T Z P X G M M C E T Q K L
H T M P U N C T I L I O U S G R M X R Y
P X R R R M N M K X L T T P T V V G N R
```

augur   punctilious

dastard   recessive

excretion   sacrifice

impeccable   superlative

pharmacy   waif

Friday   Week 24

Have someone read the spelling words for the spelling test.
Write your grade here and on the grade sheet at the front of the book.

1.	
2.	
3.	
4.	
5.	
6.	
7.	
8.	
9.	
10.	

Grade:	

Monday — Week 25

Google the words, listen to the pronounciations and write the words 3 times.

quandary			
siren			
readjust			
abhorrent			
hypotenuse			
pomposity			
invariable			
jeopardize			
infirmity			
brittle			

Tuesday   Week 25

Using a dictionary or the internet, write the definition of each of your spelling words.

quandary	
siren	
readjust	
abhorrent	
hypotenuse	
pomposity	
invariable	
jeopardize	
infirmity	
brittle	

Wednesday							Week 25

Write a sentence using each of the spelling words.

quandary	
siren	
readjust	
abhorrent	
hypotenuse	
pomposity	
invariable	
jeopardize	
infirmity	
brittle	

Thursday

Find all the spelling words in this word search puzzle.

Grade 12 Week 25

```
T R X X J M M T P W F M V N M D V B X X
K K P N Y Y N Z Z D N A T T H C M T J N
E L B A I R A V N I T P B D J Z C M R Q
V N L M X K X J B N F Q R H V D N M Q G
X D Q L L Q X E L L V Y J Y O C D T T D
R T M D L J B K Z Q R R V T H R P C V T
N B K J D P H N M I N G B P P Y R V T N
X Q K T W W C Y G R D H R R M R L E K G
C T Y F K K N R G T G R F J Z X B H N T
K Y D Z T T H A F C J Y A B Y R T Y L T
N T K N L K N D B T M Q J P L P K P F G
Z I G Q L E L N P G G K P P O X Y O R G
T M Q G R V T A K R K B O T L E P T N F
K R C I Z N B U C Y T M E K H T J E T K
R I S J X R N Q G V P L F K J Z G N B P
F F H F Z M D Z T O T C N G P D H U K D
Q N M N J T L H S T K T W X C L V S K X
Q I R L K T X I I N V T X T N Q L E Q Q
B C F R D K T R R E A D J U S T W M H D
N K P Z V Y B K F K Z V H P X J Y W B G
```

© 2020 by Elizabeth Little. Made using 1-2-3 Word Search Maker™

abhorrent   jeopardize

brittle   pomposity

hypotenuse   quandary

infirmity   readjust

invariable   siren

Friday • Week 25

Have someone read the spelling words for the spelling test.
Write your grade here and on the grade sheet at the front of the book.

1.	
2.	
3.	
4.	
5.	
6.	
7.	
8.	
9.	
10.	

Grade:	

Monday — Week 26

Google the words, listen to the pronounciations and write the words 3 times.

disbeliever			
ignoble			
airy			
insistent			
elicit			
emphasize			
faulty			
redundant			
hard-hearted			
sanguineous			

Tuesday Week 26

Using a dictionary or the internet, write the definition of each of your spelling words.

disbeliever	
ignoble	
airy	
insistent	
elicit	
emphasize	
faulty	
redundant	
hard-hearted	
sanguineous	

Wednesday   Week 26

Write a sentence using each of the spelling words.

disbeliever	
ignoble	
airy	
insistent	
elicit	
emphasize	
faulty	
redundant	
hard-hearted	
sanguineous	

Thursday

Find all the spelling words in this word search puzzle.

Grade 12 Week 26

```
V G L R W F T L V W F R B P B V G T J Q
T B D X R P T Z L G B E T N P M W J W H
J Z D D F L W F F T C V P R K X T H K E
J Y N B V G L N T Z M E L P F M K L V L
V D J P J Z P X R R M I M H Y N L P L I
D E L N P Q J Z N K B L K R N Q D Z N C
P T M J M Z B R M L V E D M X M G M G I
L R T D X Z N N T R X B G D J R Y Y N T
T A Q L L I C N L N Q S J L M Q S C M L
M E T L R D N B Y F A I L L M U R N D F
Y H Y M T T V S C B E D L W O F D M E M
N - L W C Z W G I L J F N E F K G M N W
D D T K M F C H B S M T N U R J P M L R
L R X G L M X O D X T I T J D H X F R K
T A P H R V N W F V U E T F A E Z G M N
D H D K C G W Z X G H X N S T R R J G Y
T Q Y P I Y N Q N Z F L I T Z R X H R K
R C R H N L Y A D Z N Z L Y T L U A F T
G R M R T D S J V N E J D B M C R F H T
D N T L M B R F W Q T K B H W F A I R Y
```

airy   hard-hearted

disbeliever   ignoble

elicit   insistent

emphasize   redundant

faulty   sanguineous

Friday   Week 26

Have someone read the spelling words for the spelling test.
Write your grade here and on the grade sheet at the front of the book.

1.	
2.	
3.	
4.	
5.	
6.	
7.	
8.	
9.	
10.	

Grade:	

Monday · Week 27

Google the words, listen to the pronounciations and write the words 3 times.

benefit			
coquette			
unnecessary			
illogical			
fernery			
chastity			
batter			
lewd			
hybrid			
notorious			

Tuesday   Week 27

Using a dictionary or the internet, write the definition of each of your spelling words.

benefit	
coquette	
unnecessary	
illogical	
fernery	
chastity	
batter	
lewd	
hybrid	
notorious	

Wednesday　　　　　　　　　　　　　　　　　　　　　Week 27

Write a sentence using each of the spelling words.

benefit	
coquette	
unnecessary	
illogical	
fernery	
chastity	
batter	
lewd	
hybrid	
notorious	

Thursday

Find all the spelling words in this word search puzzle.

Grade 12 Week 27

```
G T R E T T A B L L T M P B K T T G R C
R R P I L G K Y T Z L N L F L M P M H R
M W L K L X N K Q X Z T K G C J W A V G
G R Q Z L L D L L L X I L N X C S L F N
L M L M W V O Q J R P F W T V T H S K L
P D M P N L C G Z T X E X Q I Z U Y K H
K I G K G D N V I V H N Y T F O P X G G
Y R N W Q N W C D C H E Y Y I D W L V Z
G B Y L Y L E C Y A B N R D X F G H C
R Y V C M T L K L T N L O Y N B C B J H
Q H G B P D N M E K P T K P R C N Z B G
R W V K W M T T P M O W D J T V F K T R
R P R H L R T Z V N M G M M L K E J N G
Y N G K L E M V C G T K L Q M X R M X B
F R K N U L H L K H J M N B R Y N T L G
W L Q Q T X G H M M M T Z R T R Q E L T B
R R O L J T T Y R V N K N M T G R K L F
B C L T C L P Q T M G Q T M Z D Y V N K
C T U N N E C E S S A R Y Y N T M Y Q D
M B T H L F C N G Y N M R V Y F W Y D X
```

© 2020 by Elizabeth Little. Made using 1-2-3 Word Search Maker™

batter	hybrid
benefit	illogical
chastity	lewd
coquette	notorious
fernery	unnecessary

Friday Week 27

Have someone read the spelling words for the spelling test.
Write your grade here and on the grade sheet at the front of the book.

1.	
2.	
3.	
4.	
5.	
6.	
7.	
8.	
9.	
10.	

| Grade: | |

Monday   Week 28

Google the words, listen to the pronounciations and write the words 3 times.

momentary			
personage			
foursome			
opinion			
impiety			
rationalism			
seduce			
zenith			
Spartan			
check			

Tuesday Week 28

Using a dictionary or the internet, write the definition of each of your spelling words.

momentary	
personage	
foursome	
opinion	
impiety	
rationalism	
seduce	
zenith	
Spartan	
check	

Wednesday Week 28

Write a sentence using each of the spelling words.

momentary	
personage	
foursome	
opinion	
impiety	
rationalism	
seduce	
zenith	
Spartan	
check	

Thursday

Find all the spelling words in this word search puzzle.

Grade 12 Week 28

```
N L C C L Q N M P Y M M H R T L Q K D G
K L T L V C T F X R H O H T N B V Q T P
C M T C F R Q P H A Q Q P M I G T R F B
L F T M N G N C L T K V P I W N A P N J
L W K T C K B R V N M H C K N T E J F L
W N W V X E C U D E S R L K I I F Z P Z
B A J D G I C X P M R N M O L J O L M N
T T M C D M N V H O Q L N N N D L N J T
V R W N F P L F Y M R A N C G E Q Q X J
C A T K K I H N H D L N H Q G B P F Q L
X P C K M E T J N I C X K A Z Y L V K K
K S C V G T N R S H Y X N Q L H D C K W
L Q V J X Y D M K G X O Z Z G M K L G F
H N L R N M N H B X S N C G K Q T R L L
B R X V R Q B K C R V L R X R L Z Y K W
P K M N F K C F E H H Q F T J L W R K R
G R R M K E D P Q K L P K C X M R T L M
V Z W C H M F O U R S O M E L T B N T M
L G J C M W T Y Z M R T H J M B M M J M
X C P X L T N R N R K G L B L Y D N F N
```

check   personage

foursome   rationalism

impiety   seduce

momentary   Spartan

opinion   zenith

Friday Week 28

Have someone read the spelling words for the spelling test.
Write your grade here and on the grade sheet at the front of the book.

1.	
2.	
3.	
4.	
5.	
6.	
7.	
8.	
9.	
10.	

Grade:	

Monday — Week 29

Google the words, listen to the pronounciations and write the words 3 times.

tenor			
clangor			
osculate			
demobilize			
neopaganism			
atrocity			
rampart			
determination			
clarion			
underlie			

Tuesday — Week 29

Using a dictionary or the internet, write the definition of each of your spelling words.

Word	Definition
tenor	
clangor	
osculate	
demobilize	
neopaganism	
atrocity	
rampart	
determination	
clarion	
underlie	

Wednesday — Week 29

Write a sentence using each of the spelling words.

tenor	
clangor	
osculate	
demobilize	
neopaganism	
atrocity	
rampart	
determination	
clarion	
underlie	

Thursday

Find all the spelling words in this word search puzzle.

Grade 12 Week 29

```
Y P W Y T Q H R P M W E Z L Z N C W N Z
X Q N K M P C H B B I D P M Y G F R K J
K K L H V G Z Z X L A H J B K R K P D G
M M M H V B F M R T D L X H D M L C V T
L L V K R N K E R X K K T N P B L J W F
L R X N N K D O W K L N N T Q Y Z T P Y
C H C R R N C D N X H F T P R J V F V V
N M W J U I X R F H X Y J T O N N Y R N
K O N N T H O G N Z H P M X N N V Q Q E
G L I Y N G L R V T B Y T T E M J C T O
V L J T N D B L T K T C V K T L C L N P
N M P A A M E C R R O S C U L A T E Z A
N B L K C N G M V Q J F L V D V H N N G
O C H Q K Q I N O L P T C J T F L Z H A
I N Z Z V V X M D B J R F Y T X R Z K N
R N L D G T Y T R B I R V B R W H G J I
A M D T Y Q G J N E F L L Y V R M L L S
L N W L T N Q T Y J T Y I T J H K H Z M
C F Y T R A P M A R N E K Z K L Z P B W
Q B K R G K C K N R W R D H E N T N D M
```

© 2020 by Elizabeth Little. Made using 1-2-3 Word Search Maker™

atrocity

clangor

clarion

demobilize

determination

neopaganism

osculate

rampart

tenor

underlie

Friday   Week 29

Have someone read the spelling words for the spelling test.
Write your grade here and on the grade sheet at the front of the book.

1.	
2.	
3.	
4.	
5.	
6.	
7.	
8.	
9.	
10.	

| Grade: | |

Monday   Week 30

Google the words, listen to the pronounciations and write the words 3 times.

spontaneous			
dissension			
foreign			
superficial			
metric			
provocation			
defray			
exhilarate			
regiment			
rigmarole			

Tuesday   Week 30

Using a dictionary or the internet, write the definition of each of your spelling words.

spontaneous	
dissension	
foreign	
superficial	
metric	
provocation	
defray	
exhilarate	
regiment	
rigmarole	

Wednesday — Week 30

Write a sentence using each of the spelling words.

spontaneous	
dissension	
foreign	
superficial	
metric	
provocation	
defray	
exhilarate	
regiment	
rigmarole	

Thursday

Find all the spelling words in this word search puzzle.

Grade 12 Week 30

```
H E G K L T K X J Y J J R T K W K X K K
L J T Z J F H R K F F O R E I G N R R X
L V L A Q T N C P P T N G R J H R L T L
G Y C H R D J C Y T W S T Z W G N M D C
X S T T N A W R E P P U L L C V K E J V
X M U G W C L L R F O B L K M N T Q C
L T T P T Z O I O R K E M Z T Z F R M P
G T L K E R M V H Q V N C F C L M I Y D
C Y T Z A R O L Z X Z A K Y G T T C L H
Q G X M T C F Y L D E T M L G L N T L R
Q D G N A R Z I G N H N F R B Q E X N L
D I Y T N K W T C F P O M T B N M O C W
R K I W F F G K B I Q P M Y N F I R Q L
Y O Z W Y W H P M M A S P W X S G X Y B
N J M Y L D N V X T C L K C N B E F T K
M G N Y J N M X X Z Y M H E B F R L Y M
R N M N Z C R C F X R J S W L G J R L V
Z C Z C W R L X K J Y S X N Y H M Q T W
Z K T X D K M N W K I Q T Q Y A R F E D
Q B V R Q N D N K D G P K T M R P X Z Q
```

defray

provocation

dissension

regiment

exhilarate

rigmarole

foreign

spontaneous

metric

superficial

Friday Week 30

Have someone read the spelling words for the spelling test.
Write your grade here and on the grade sheet at the front of the book.

1.	
2.	
3.	
4.	
5.	
6.	
7.	
8.	
9.	
10.	

Grade:	

Monday Week 31

Google the words, listen to the pronounciations and write the words 3 times.

reprisal			
fanatic			
surveyor			
irreverent			
narrow-minded			
indomitable			
perennial			
beseech			
detest			
curable			

Tuesday   Week 31

Using a dictionary or the internet, write the definition of each of your spelling words.

reprisal	
fanatic	
surveyor	
irreverent	
narrow-minded	
indomitable	
perennial	
beseech	
detest	
curable	

Wednesday   Week 31

Write a sentence using each of the spelling words.

reprisal	
fanatic	
surveyor	
irreverent	
narrow-minded	
indomitable	
perennial	
beseech	
detest	
curable	

Thursday

Find all the spelling words in this word search puzzle.

Grade 12 Week 31

```
F R J W Z P Z R N Z K N X X W C M K I T
L A I N N E R E P C I R L Q F P T N M S
J T Y T D F Z Q M M F R R F R W D Q Z E
D R D L T L V Z L G N R R Z P O W L R T
G W P L P A M M T L L X M E M R W W M E
L N C M Z S U R V E Y O R I V K K N M D
P A N K G I J K Z R H M T Y T E G K T D
F R V B D R P L M L H A V N B M R V T Y
K R P H K P Z F V T B C C L R Y Z E P T
R O B T B E Q H N L N I E F V R D Z N G
N W J K C R K R E V T Z T E P K R R L T
T - T B N B B M D A X Q T M S L M J L L
T M M Z L Y F G N H R Z D Y M E F L T R
T I G C M N L A M X T M D E R T B W H N
P N K G J J F R Z R N N L C K C V F K H
N D L Z F D H Q Z C Z B K X B K H R W L
J E W N L K L K D J A P L F R C L Y G H
M D K C J L K J W R K W L T H R W J C C
L J K D D P Y M U Q Z B H T H T B L M Q
M M K N R K Q C H N X Q F W J C Q K Z R
```

© 2020 by Elizabeth Little. Made using 1-2-3 Word Search Maker™

beseech

curable

detest

fanatic

indomitable

irreverent

narrow-minded

perennial

reprisal

surveyor

Friday   Week 31

Have someone read the spelling words for the spelling test.
Write your grade here and on the grade sheet at the front of the book.

1.	
2.	
3.	
4.	
5.	
6.	
7.	
8.	
9.	
10.	

Grade:	

Monday — Week 32

Google the words, listen to the pronounciations and write the words 3 times.

morphology			
despond			
metempsychosis			
course			
presage			
logic			
disobedient			
forefather			
actuate			
reclaim			

Tuesday   Week 32

Using a dictionary or the internet, write the definition of each of your spelling words.

morphology	
despond	
metempsychosis	
course	
presage	
logic	
disobedient	
forefather	
actuate	
reclaim	

Wednesday	Week 32

Write a sentence using each of the spelling words.

morphology	
despond	
metempsychosis	
course	
presage	
logic	
disobedient	
forefather	
actuate	
reclaim	

Thursday

Find all the spelling words in this word search puzzle.

Grade 12 Week 32

```
L L M T Y H C N X J Z H T L Z P R Q W N
P F W R W K K F W M F H N R C L B N Z J
P B V T E P T F Q Y T L B N Y N K X M L
B Y P C W H Y W C T K T M T N Q R G R K
N L R T N Z T C P C G N V T X B K R J R
Q K E C W G R A Z R O R J L K T F R W Z
C T S W X R G F F M T U Z T C H R X L H
M K A R R Q H V N E D G R D K V M T Y N
P D G B N P B L T N R G N S M T F R G N
M R E N D R O B O M N N O L N E L R Z O N
D P V H J G L P H T R C F K G T M N L P
R W Y R I N S J M F X T L D J N Q K O E
L T D C L E R R M N V R L K R L K N H T
T X X J D Z Z I K R Y D K R H R D J P A
B M D D R C A V D W T X B Y J T X C R U
P F B R L L M Z R R Q K P N H D G C O T
N P T N C Y Q H K D K R T F C J L L M C
T D Q E Y Z T K N M Y Y L K K M F Q Z A
J B R X T K R F L T N E I D E B O S I D
P K B F L M E T E M P S Y C H O S I S K
```

actuate logic

course metempsychosis

despond morphology

disobedient presage

forefather reclaim

Friday   Week 32

Have someone read the spelling words for the spelling test.
Write your grade here and on the grade sheet at the front of the book.

1.	
2.	
3.	
4.	
5.	
6.	
7.	
8.	
9.	
10.	

Grade:	

Monday   Week 33

Google the words, listen to the pronounciations and write the words 3 times.

exert			
hypercritical			
afoot			
trinity			
unutterable			
ministry			
metronome			
inadequate			
gynecology			
sentient			

Tuesday — Week 33

Using a dictionary or the internet, write the definition of each of your spelling words.

exert	
hypercritical	
afoot	
trinity	
unutterable	
ministry	
metronome	
inadequate	
gynecology	
sentient	

Wednesday　　　　　　　　　　　　　　　　　　　　　　　Week 33

Write a sentence using each of the spelling words.

exert	
hypercritical	
afoot	
trinity	
unutterable	
ministry	
metronome	
inadequate	
gynecology	
sentient	

Thursday

Find all the spelling words in this word search puzzle.

Grade 12 Week 33

```
M H T M X Y G T B K H M T Z R Y K M Z L
F R P C X G M P Z M V Z N N L D Y R C K
R J M R D M K J P G U X K A Y M Y X K N
K T C G T W B T M Z N M C F Q N G R R V
C M V C M K N I N M U I N L N R O J L T
Z V M W W D N T X K T C J C M K L C T K
T B J R W I J N L I T B Z N H L O L G W
M E X X S L L R L E P K K L Y C D G T
R T T T M W L C M N R K C L K P E X G H
F N R A B T R T J J A V T H W R N Y R R
M Y L M U E R H W R B Y N W T K Y T L Y
P X K G P Q H I F K L Y P N T J G R C R
N N F Y D N E F N K E X E L V M N E B F
K R H Y J P G D P I K I H R J B T X N B
N K B V G R X T A Y T G L L M L F E Z Q
M R K K B B N L T N D Y J B N C M K T Z
Y T K C C L K R E Y I R M M Q N L Y P R
R V G J P T G S Y A F O O T D F T C K G
N G L M B C R Z X X P M R L C P W X H J
E M O N O R T E M T R J X K R M N R F X
```

afoot   metronome

exert   ministry

gynecology   sentient

hypercritical   trinity

inadequate   unutterable

Friday   Week 33

Have someone read the spelling words for the spelling test.
Write your grade here and on the grade sheet at the front of the book.

1.	
2.	
3.	
4.	
5.	
6.	
7.	
8.	
9.	
10.	

Grade:	

Monday — Week 34

Google the words, listen to the pronounciations and write the words 3 times.

plenary			
mismanage			
proxy			
mellifluous			
generic			
possible			
nucleus			
parallelism			
implicit			
census			

Tuesday   Week 34

Using a dictionary or the internet, write the definition of each of your spelling words.

plenary	
mismanage	
proxy	
mellifluous	
generic	
possible	
nucleus	
parallelism	
implicit	
census	

Wednesday Week 34

Write a sentence using each of the spelling words.

plenary	
mismanage	
proxy	
mellifluous	
generic	
possible	
nucleus	
parallelism	
implicit	
census	

Thursday

Find all the spelling words in this word search puzzle.

Grade 12 Week 34

```
V P R O X Y M R T T D H C R K R K X Y Q
M W G R M M L P K N C B R M Z K N N F Q
Y Y Z J N C S N W T F T M Z G E T X D M
Z L F W K D H I T L J Y D D G T J G G Y
C L J G Z J R R L M W H M A T Z J Y M M
T L F Z N N R D R E Y N N Y Z D Y T X L
S U E L C U N J T P L A M S C K W N V T
N F T M L H D L V M M L U C Y H X T K T
R P M J G Y T T Q S E S A G B M R I P M
V P H P E R L R I T N L L R K C P C M T
H V M N N A C M N E D R L N A O B I V M
L L R R E N R V C N R W K I S P Q L Y D
P L F D R E P Y N N N N X S F Q Q P M K
K R C Y I L C M P P C G I C W L Q M H V
M V P D C P W X Q L Z B K W K K U I D N
F R M T G F L K D H L G V J R B N O K P
K M W Z M H C Y P E N K L G K J W M U W
P T Y V J Y T J F N C Y N G Y T M J L S
X K G M C T F V M M X H C R D Q Y J V P
M D R Y G L H R M N L V Z D T J L Q M M
```

census   nucleus

generic   parallelism

implicit   plenary

mellifluous   possible

mismanage   proxy

Friday Week 34

Have someone read the spelling words for the spelling test.
Write your grade here and on the grade sheet at the front of the book.

1.	
2.	
3.	
4.	
5.	
6.	
7.	
8.	
9.	
10.	

Grade:	

Monday Week 35

Google the words, listen to the pronounciations and write the words 3 times.

sleight			
exodus			
redoubtable			
recitation			
tincture			
brae			
adulterant			
machinery			
vegetative			
retrace			

Tuesday Week 35

Using a dictionary or the internet, write the definition of each of your spelling words.

sleight	
exodus	
redoubtable	
recitation	
tincture	
brae	
adulterant	
machinery	
vegetative	
retrace	

Wednesday Week 35

Write a sentence using each of the spelling words.

sleight	
exodus	
redoubtable	
recitation	
tincture	
brae	
adulterant	
machinery	
vegetative	
retrace	

Thursday

Find all the spelling words in this word search puzzle.

Grade 12 Week 35

```
Y F L G V W B F Q T Y R P T X L T F B L
Z B K M M Y C R H J C R F K Y K Z L T G
F M Y R H L Y C E M V K E K R Q L T X M
M T D M R H S T K C G B Z N K J D G C W
Y K R R U H G Z M I R F C I F Z Q H R
D R L V D J B K Y R H T Z W G H D T T R
T N G O T T K V J V Z C A M N W C R M T
R M X Y K F L L K H T C N T T R T A T R
N E K T N A R E T L U D A I I X L C M M
N C E H T B D V Y C L T N N V O L X X N
M B V G T K D H L V K M T C G X N C C K
R J I I G G N C Q M B R F T T K K F H Q
K Z T E R R F X N R T K Y U P P Q R L Z
C T A L R H B L A R M Y D R R J H P M E
T Z T S Q M M E J R R L D E K K B R C G
M R E Z T H J K F N P N K T T Q X A P L
K Q G R R E D O U B T A B L E M R N D R
J L E C W Q X M H N Y T X L Q T N R F J
Y K V Y R B X R L N H M K L E C B C R R
R K Z F X Z R N J D L R M R N F L Q G F
```

© 2020 by Elizabeth Little. Made using 1-2-3 Word Search Maker™

adulterant	redoubtable
brae	retrace
exodus	sleight
machinery	tincture
recitation	vegetative

Friday   Week 35

Have someone read the spelling words for the spelling test.
Write your grade here and on the grade sheet at the front of the book.

1.	
2.	
3.	
4.	
5.	
6.	
7.	
8.	
9.	
10.	

Grade:	

Monday   Week 36

Google the words, listen to the pronounciations and write the words 3 times.

studious			
collapsible			
sparse			
realism			
epithet			
frequency			
moat			
distrust			
heartrending			
herbarium			

Tuesday　　　　　　　　　　　　　　　　Week 36

Using a dictionary or the internet, write the definition of each of your spelling words.

studious	
collapsible	
sparse	
realism	
epithet	
frequency	
moat	
distrust	
heartrending	
herbarium	

Wednesday   Week 36

Write a sentence using each of the spelling words.

studious	
collapsible	
sparse	
realism	
epithet	
frequency	
moat	
distrust	
heartrending	
herbarium	

Thursday

Find all the spelling words in this word search puzzle.

Grade 12 Week 36

```
N N M Z N T J J W N T R T V M V E T N Q
V V C L S W S J K D R M T A O M P B R F
T P N R U P P U M C M L T N K H I M L R
M W L C O H C N R R F N M B W J T Y K R
T Q N Z I D L R B T P N P N G Y H R D T
C L P X D W X P N D S K D M R M E M J L
Y V K Y U X K C M H L I W K K L T K L P
H Z L Y T B X L N H K B D W B V C J V T
J R R X S B Z J Q M Z D X I Y Q R W G N
M M D W V R M Y X C L V S H M R Q R N N
G G R V D K Y R T F S P A R S E L N I F
B K Y Y V Q F K R G A K K G M B N C D T
D N D T D T B E G L N R R U N T K W N D
Q R R W M N Q C L Y Y N I B R N X T E D
D L E K H U N O G W R R D M Y M K R R N
C F D A E R C N T N A P L Q V C B R T N
H D H N L K T T W B T P J N D Z R M R G
P L C F T I G L R B C B W L Z L R N A M
T Y F Z K Z S E N V L L C M L F V M E G
T K X P K N H M X H D J M D L Z J W H T
```

© 2020 by Elizabeth Little. Made using 1-2-3 Word Search Maker™

collapsible   herbarium

distrust   moat

epithet   realism

frequency   sparse

heartrending studious

Friday   Week 36

Have someone read the spelling words for the spelling test.
Write your grade here and on the grade sheet at the front of the book.

1.	
2.	
3.	
4.	
5.	
6.	
7.	
8.	
9.	
10.	

Grade:	

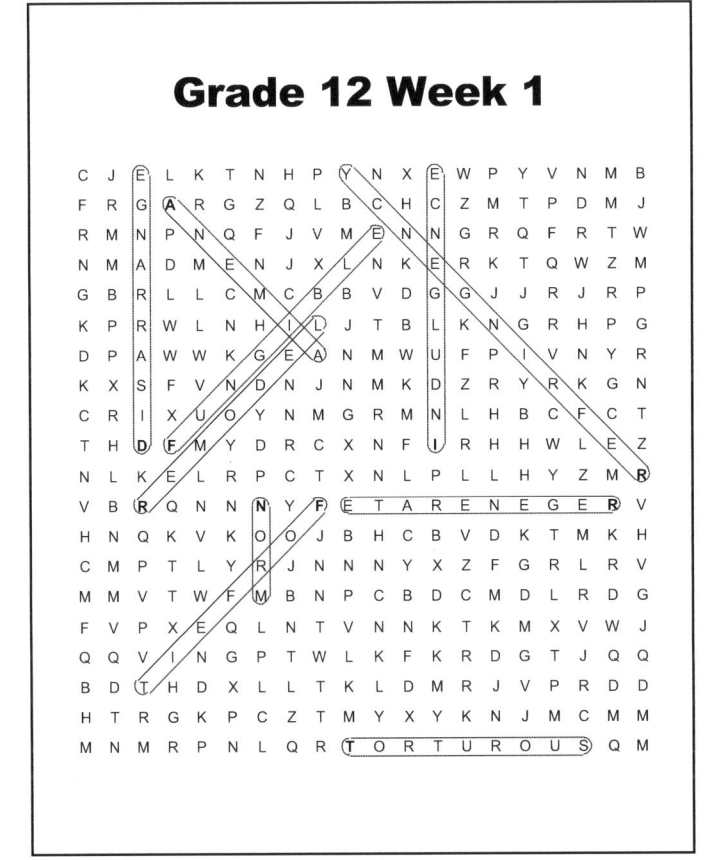

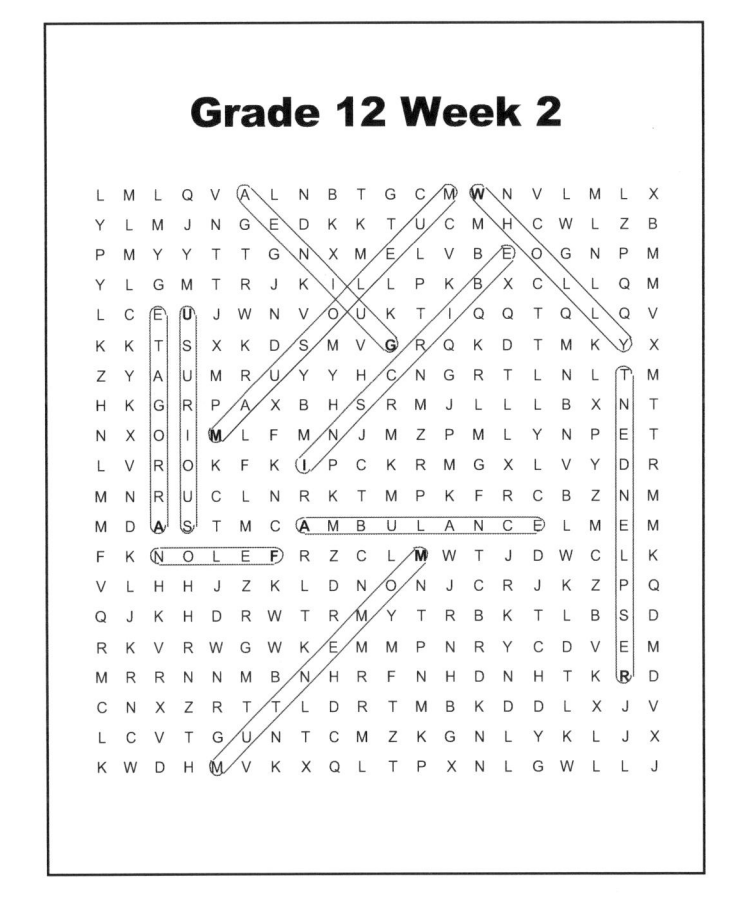

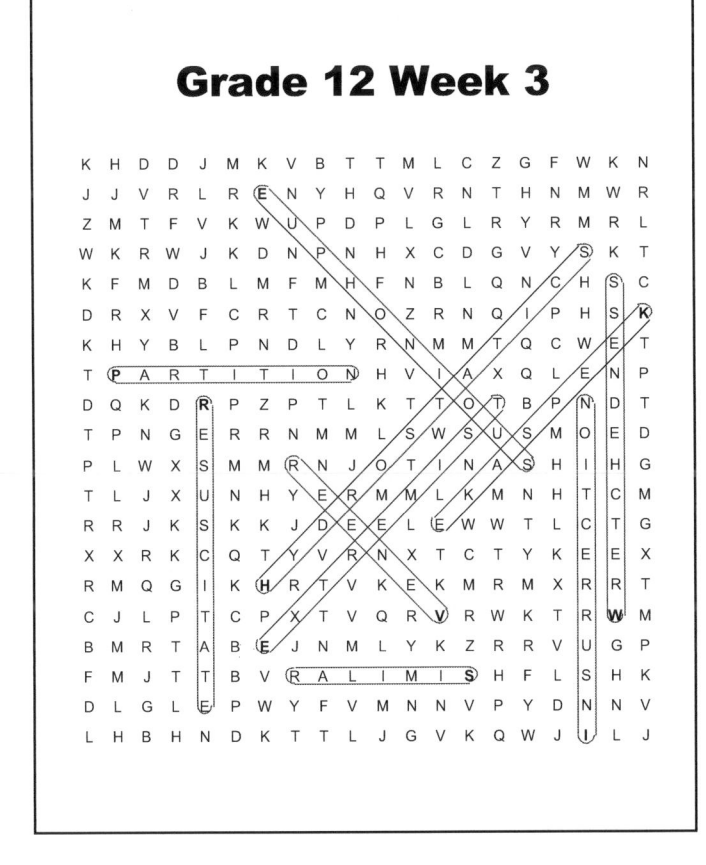

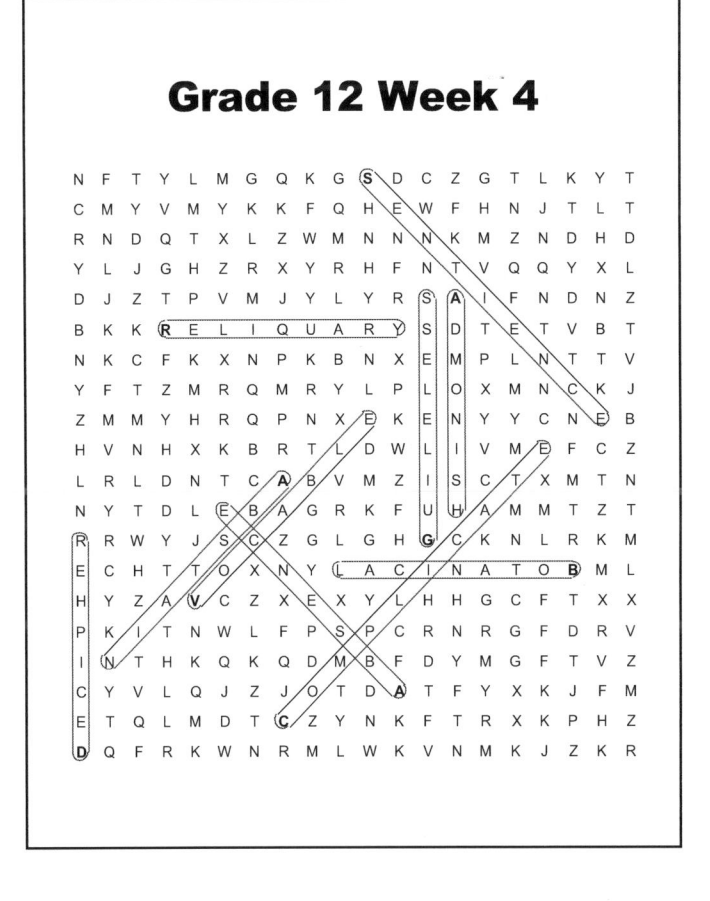

Word Search Solutions

Grade 12 Week 1

Grade 12 Week 2

Grade 12 Week 3

Grade 12 Week 4

Word Search Solutions

Grade 12 Week 5

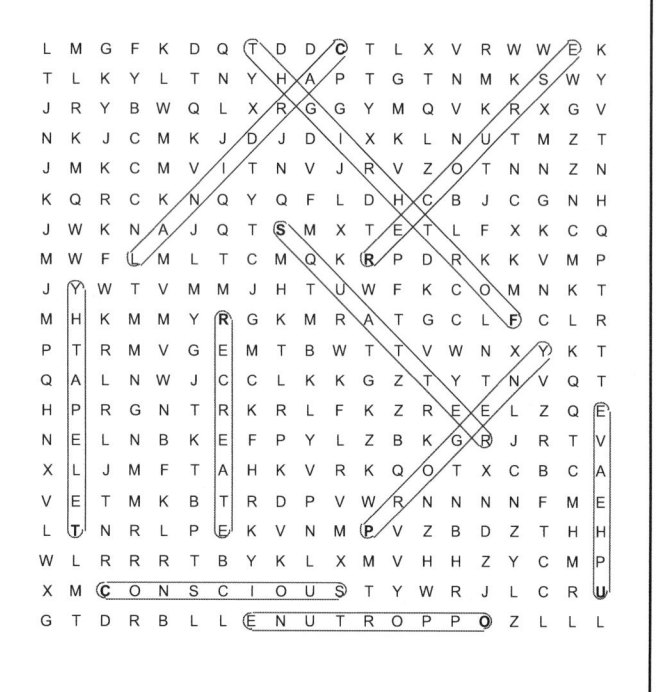

Grade 12 Week 6

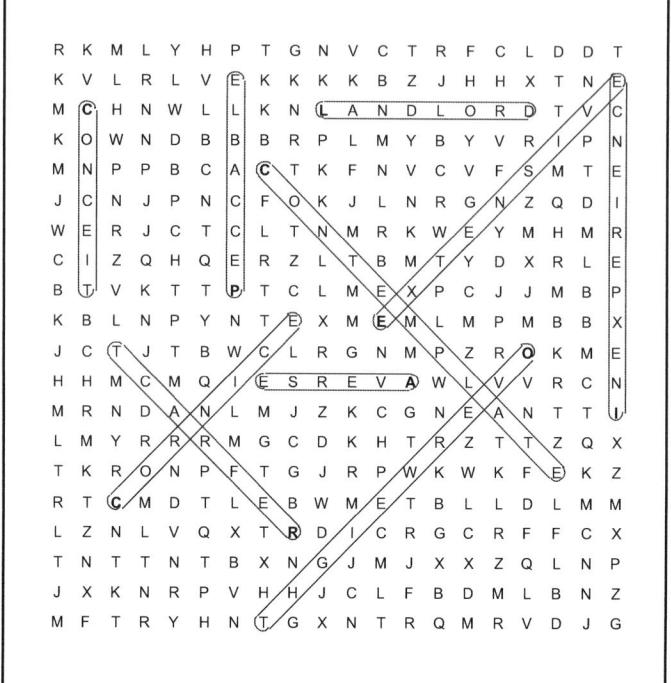

Grade 12 Week 7

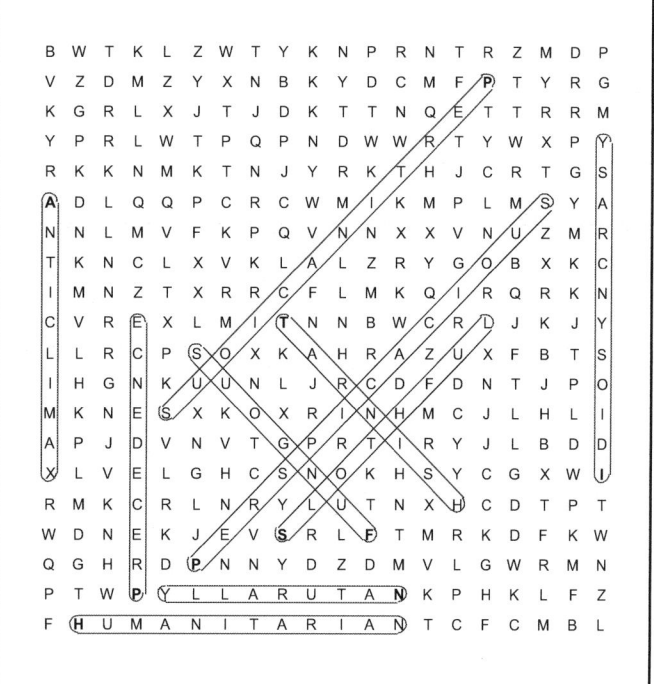

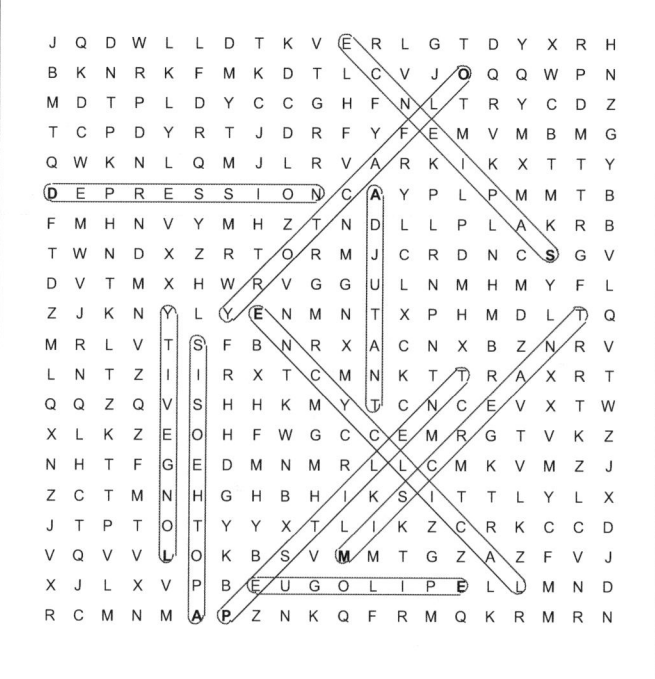

Grade 12 Week 8

Word Search Solutions

Grade 12 Week 9

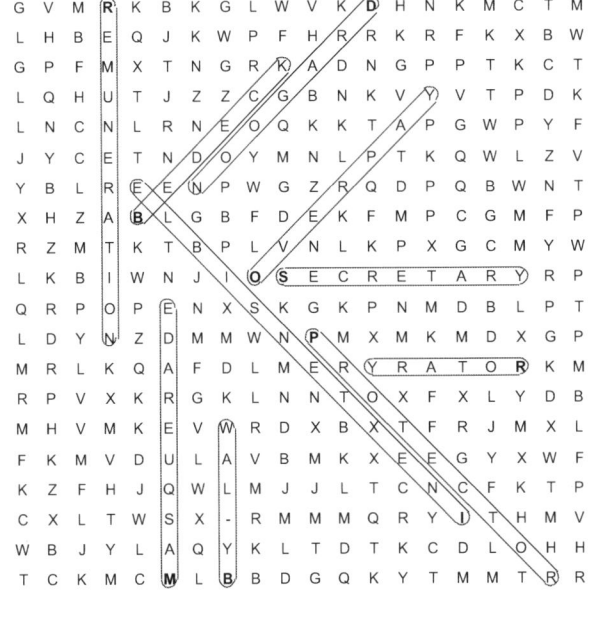

Grade 12 Week 10

Grade 12 Week 11

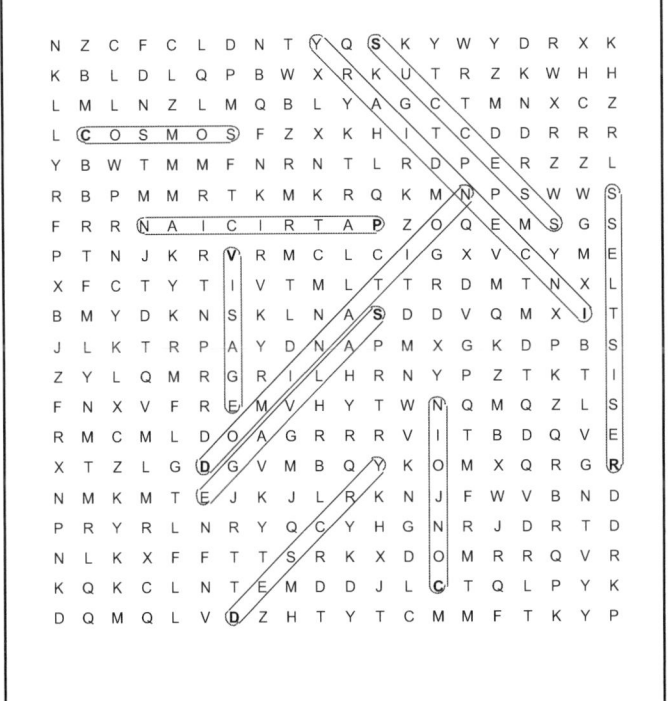

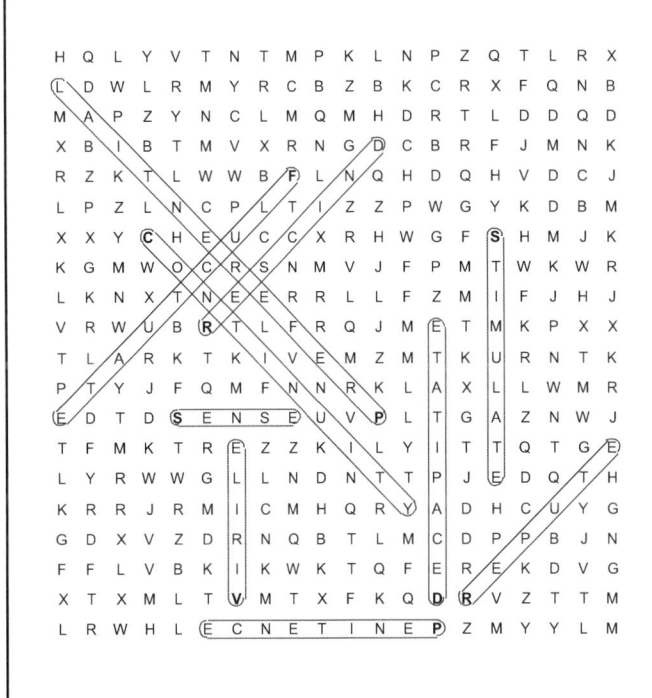

Grade 12 Week 12

Word Search Solutions

Grade 12 Week 13

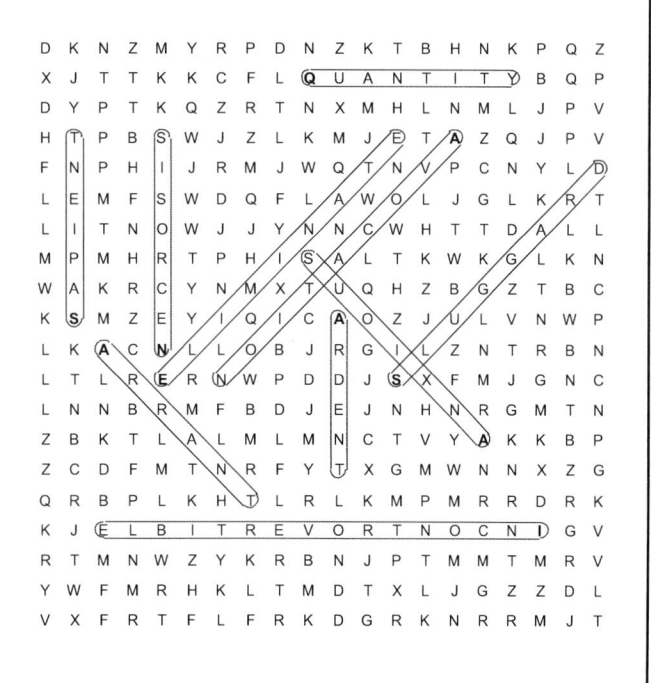

Grade 12 Week 14

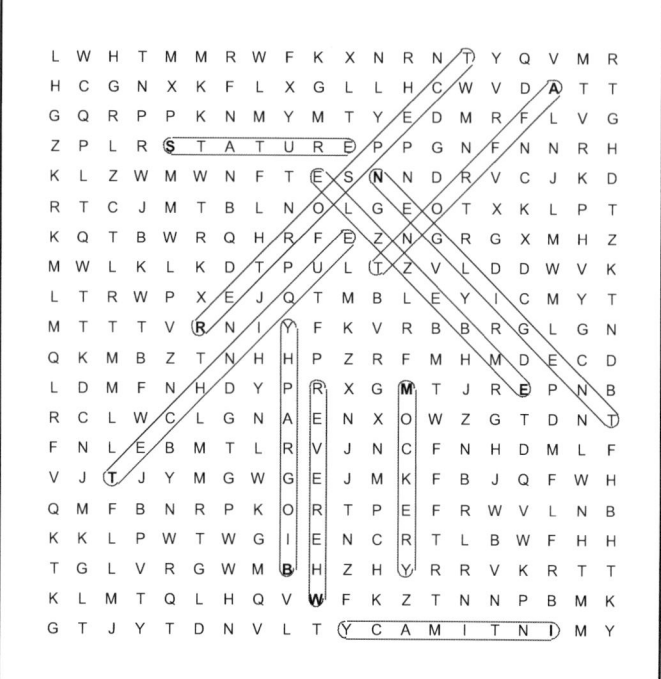

Grade 12 Week 15

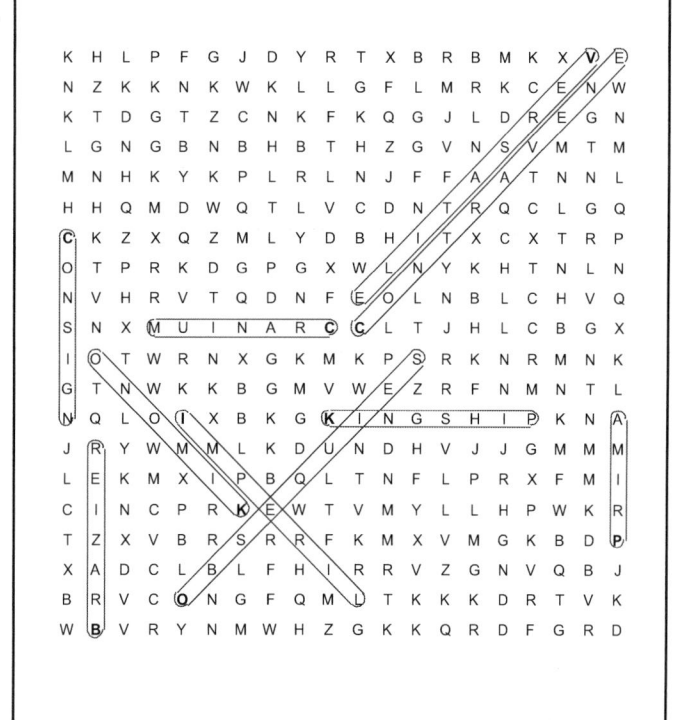

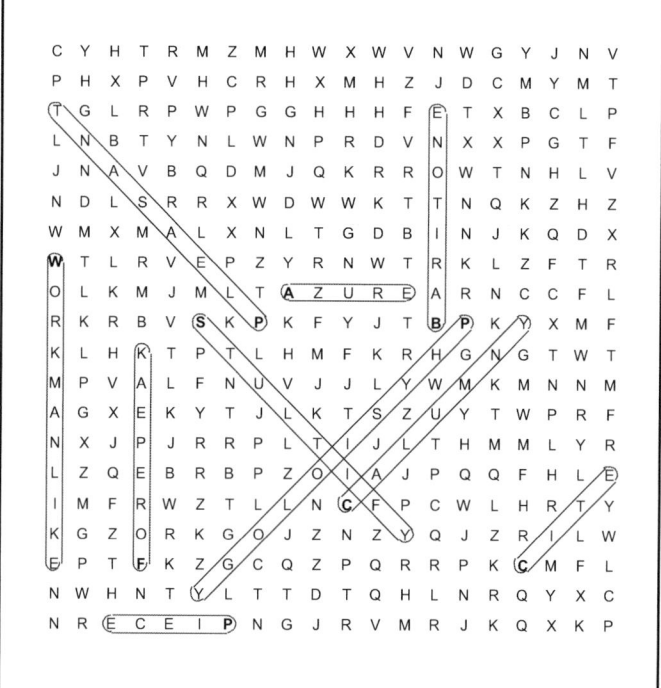

Grade 12 Week 16

Word Search Solutions

Grade 12 Week 17

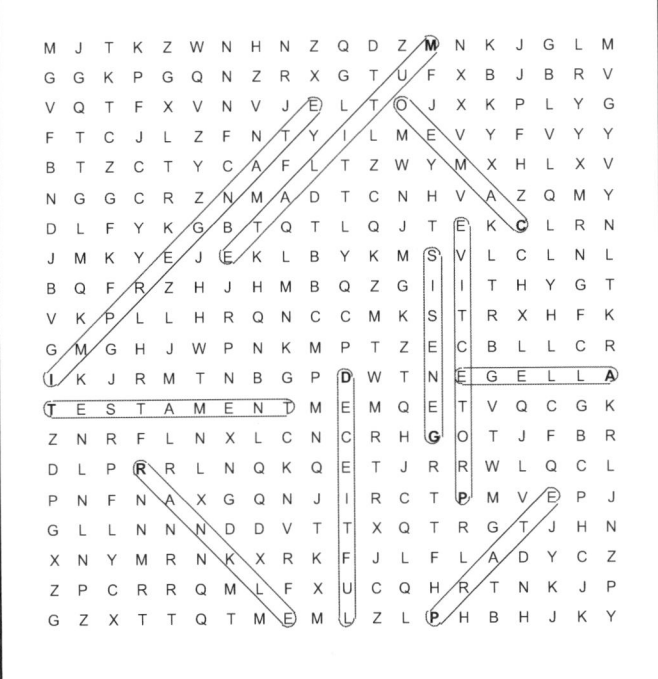

Grade 12 Week 18

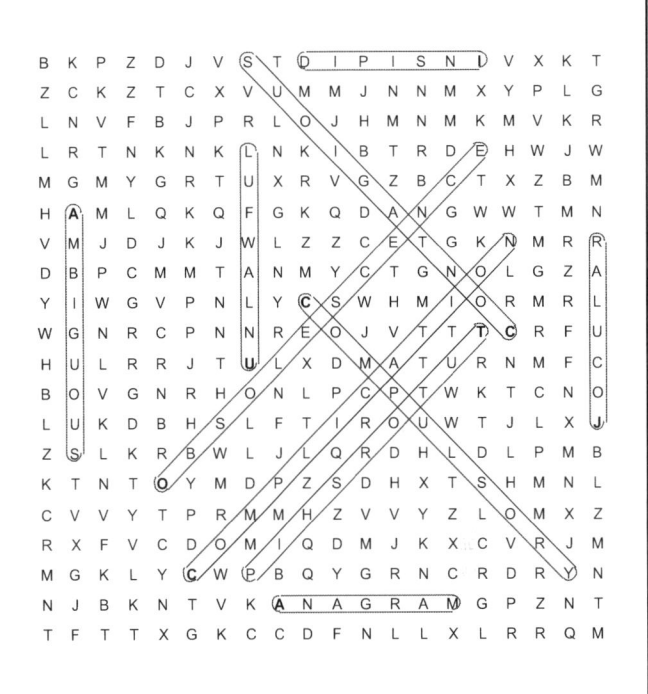

Grade 12 Week 19

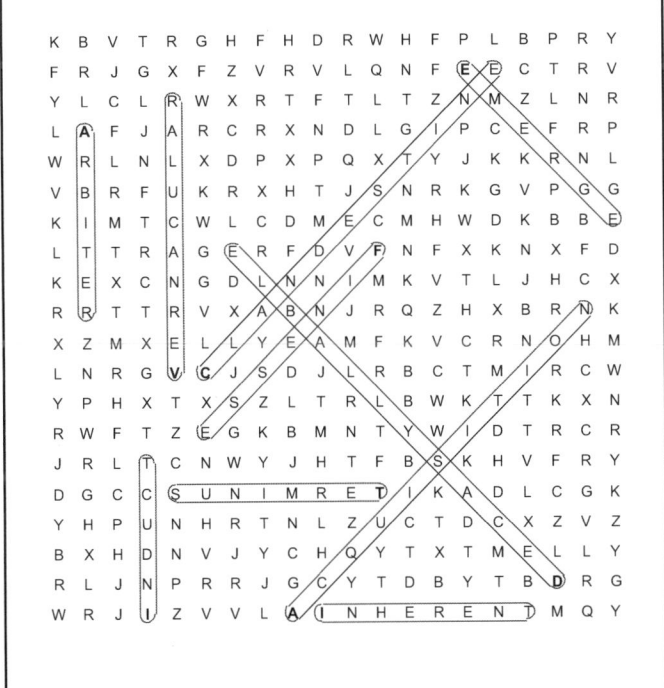

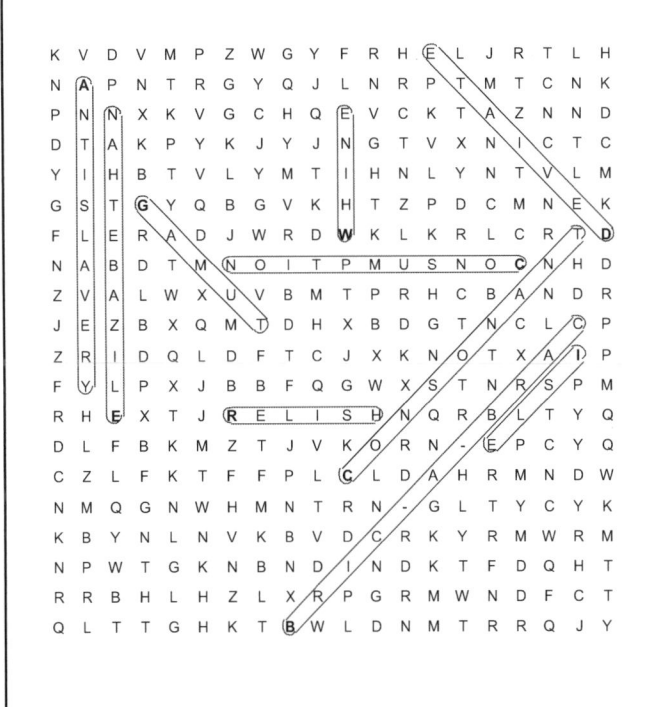

Grade 12 Week 20

Word Search Solutions

Grade 12 Week 21

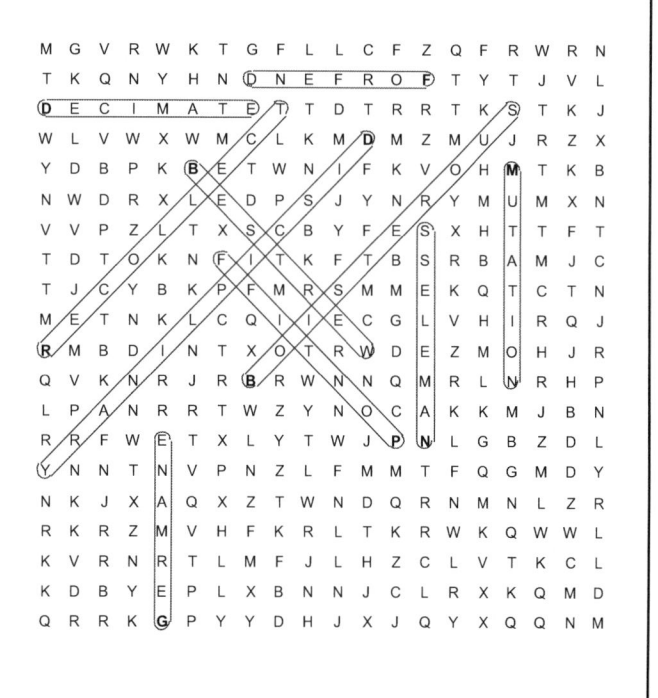

Grade 12 Week 22

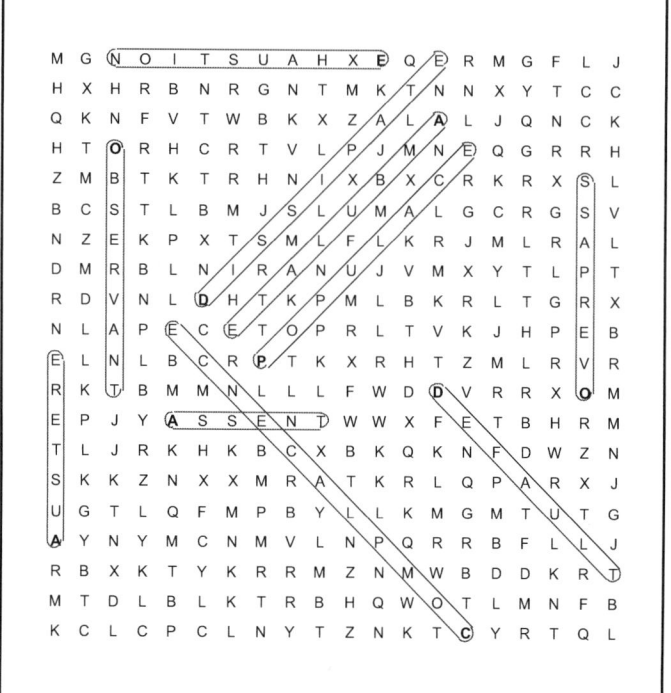

Grade 12 Week 23

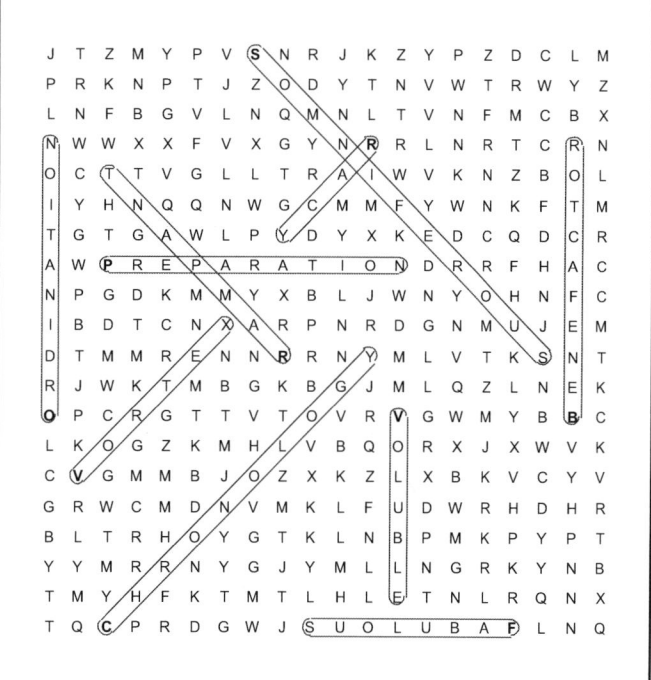

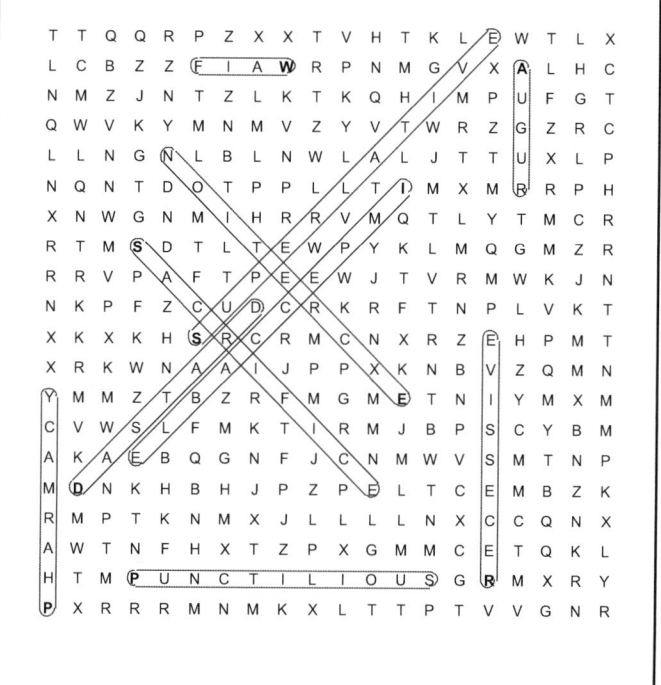

Grade 12 Week 24

Word Search Solutions

Grade 12 Week 25

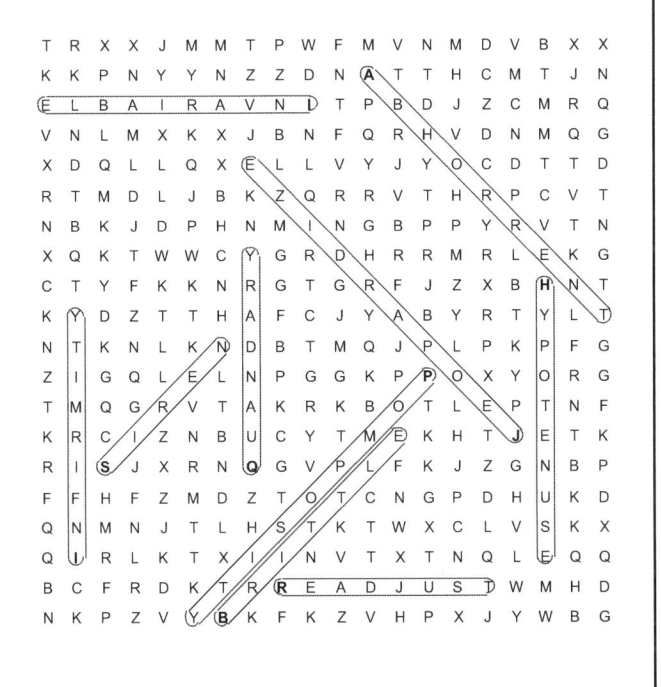

Grade 12 Week 26

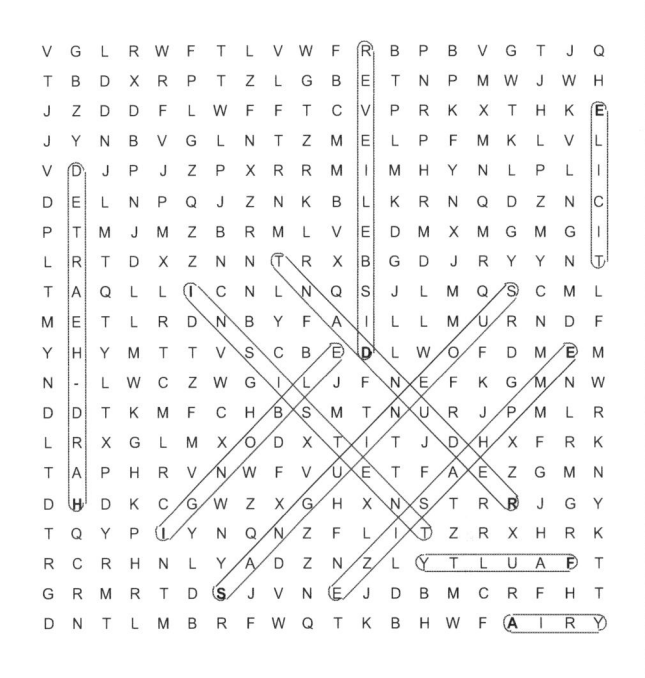

Grade 12 Week 27

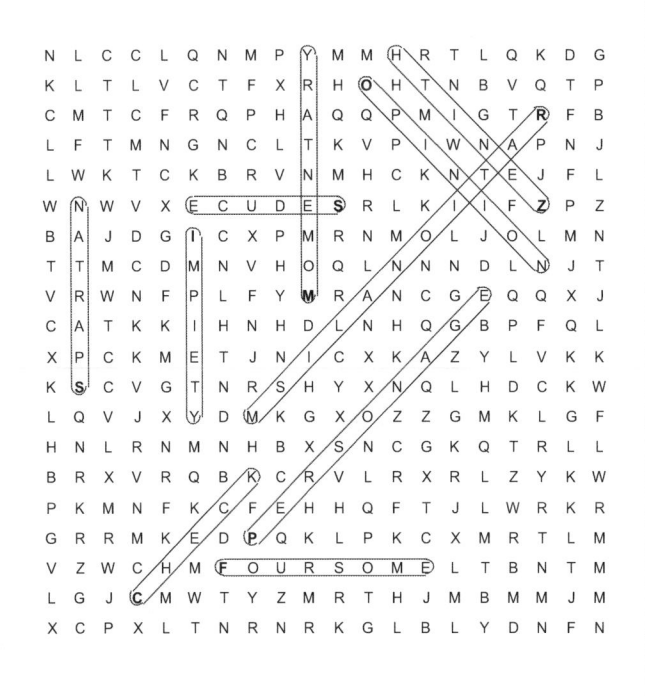

Grade 12 Week 28

Word Search Solutions

Grade 12 Week 29

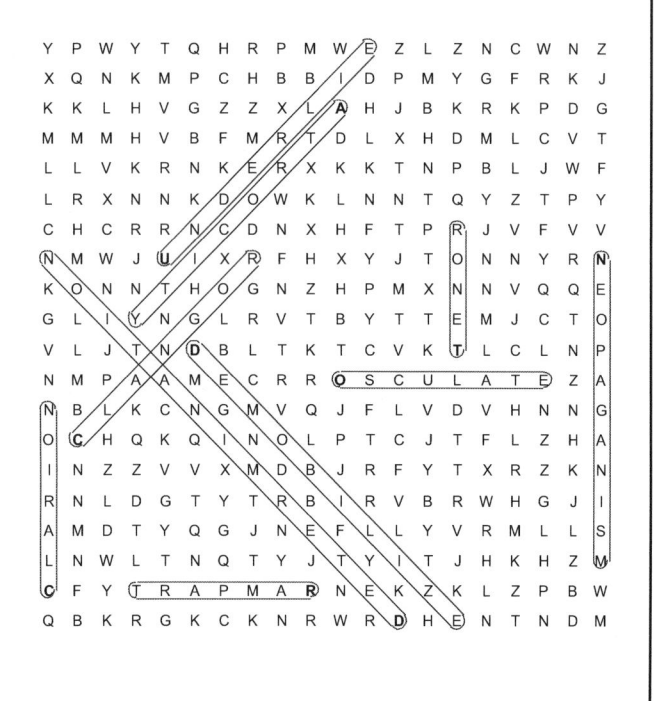

Grade 12 Week 30

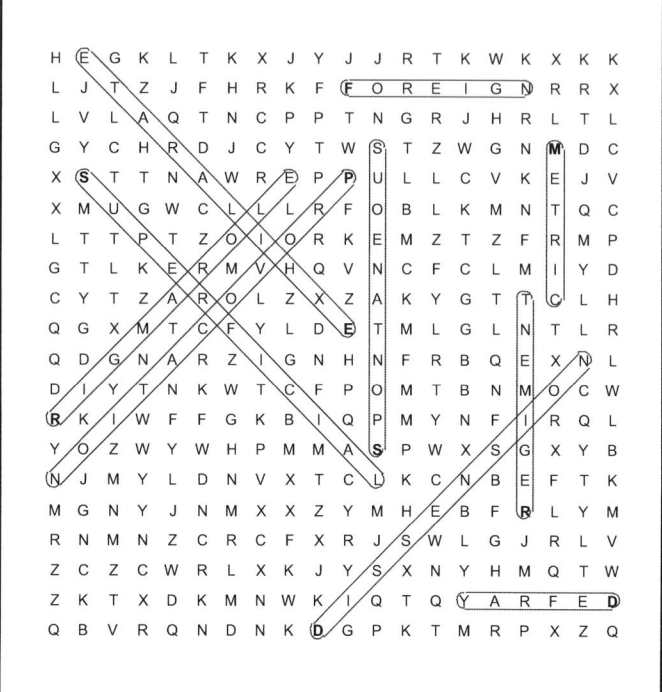

Grade 12 Week 31

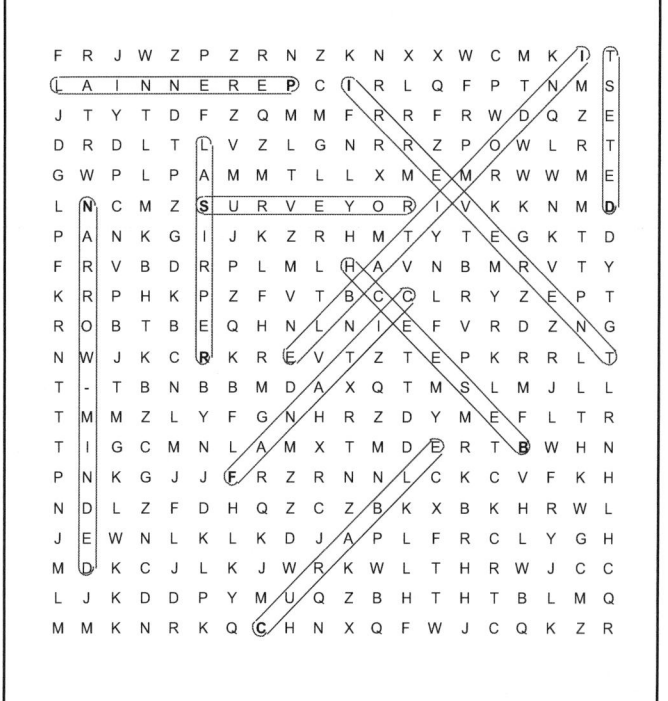

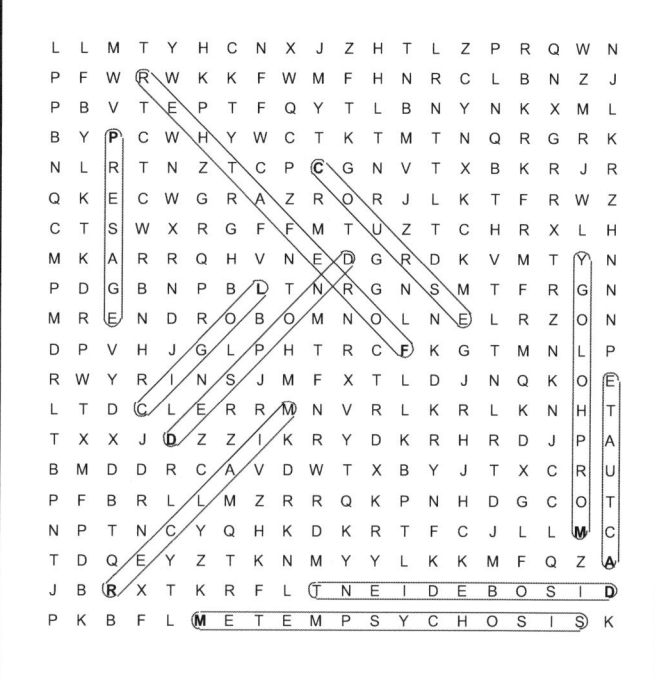

Grade 12 Week 32

Word Search Solutions

Grade 12 Week 33

Grade 12 Week 34

Grade 12 Week 35

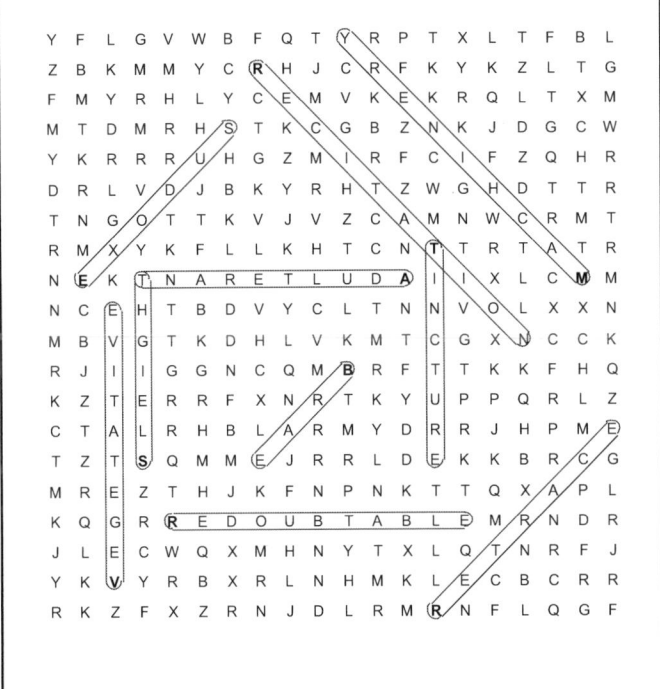

Grade 12 Week 36

Made in the USA
Columbia, SC
01 May 2025